高职汽车检测与维修专业资源库合作建设教材

U0649394

汽车维护技术

Qiche Weihu Jishu

中国交通教育研究会职业教育分会
汽车运用工程专业委员会　组织编写
上海景格科技股份有限公司　技术支持
蔺宏良　主　编
姚　鑫　黄晓鹏　高彦军　副主编
崔选盟　主　审

人民交通出版社股份有限公司
China Communications Press Co.,Ltd.

内 容 提 要

　　本书为中国交通教育研究会职业教育分会汽车运用工程专业委员会组织编写的高职汽车检测与维修专业资源库合作建设教材,主要内容包括:汽车润滑油的检查与更换、汽车工作液的检查与更换、汽车发动机维护、汽车底盘维护、汽车电控系统维护五个学习任务。

　　本书可作为高等职业院校汽车检测与维修技术、汽车运用与维修技术等专业核心课程教材,也可作为汽车服务行业人员在职培训及汽车爱好者的自学指导用书。

图书在版编目(CIP)数据

汽车维护技术 / 蔺宏良主编. —北京:人民交通
出版社股份有限公司, 2016.12
高职汽车检测与维修专业资源库合作建设教材
ISBN 978-7-114-13176-9

Ⅰ.①汽… Ⅱ.①蔺… Ⅲ.①汽车—车辆修理—高等
职业教育—教材 Ⅳ.①U472

中国版本图书馆 CIP 数据核字(2016)第 152865 号

书　　　名:	汽车维护技术
著 作 者:	蔺宏良
责任编辑:	戴慧莉
出版发行:	人民交通出版社股份有限公司
地　　　址:	(100011)北京市朝阳区安定门外外馆斜街 3 号
网　　　址:	http://www.ccpress.com.cn
销售电话:	(010)59757973
总 经 销:	人民交通出版社股份有限公司发行部
经　　　销:	各地新华书店
印　　　刷:	北京市密东印刷有限公司
开　　　本:	787×1092　1/16
印　　　张:	8.75
字　　　数:	201 千
版　　　次:	2016 年 12 月　第 1 版
印　　　次:	2016 年 12 月　第 1 次印刷
书　　　号:	ISBN 978-7-114-13176-9
定　　　价:	20.00 元

(有印刷、装订质量问题的图书由本公司负责调换)

前言
QIANYAN

2012 年《国家中长期教育改革和发展规划纲要(2010—2020 年)》的实施,为中国未来 10 年的教育改革和发展提供了明确的前进方向。《纲要》第三十二条提出:"适应经济社会发展和科技进步的要求,推进课程改革,加强教材建设,建立健全教材质量监管制度。"其中强调了教材建设要和课改相结合,要体现职业和职业教育发展趋势,满足学生职业生涯发展和适应社会经济发展的需要。

本套教材将理实一体化课程改革理念以任务驱动式教学模式呈现,以工作任务为课程设置与内容选择的参照点,以任务为单元组织内容,并以任务活动为主要学习方式的课程模式编写,满足高职汽车检测与维修专业的教学需求。同时,教材以中国交通教育研究会职业教育分会汽车运用工程专业委员会制订的汽车检测与维修技术人才培养方案和课程标准为依据,强调以就业为导向,以岗位需要和职业标准为依据,具有以下特点:

1. 学习任务工作化。以任务驱动为导向,按照实际工作任务、工作过程和工作情境设计教学内容。从岗位需求出发,实现以教学内容融合工作任务,通过实践任务操作来巩固学习过程,为学生提供体验完整工作过程的学习机会,改变了以往学科体系的系统教学框架结构。

2. 教学内容专业化。在中国交通教育研究会职业教育分会汽车运用工程专业委员会的指导下,组织课程专家设计、行业专家指导、一线技术专家和一线教学专家进行教材编写,保证了教材理念与内容的先进性。

3. 教材内容生动化。本套教材以"高职汽车检测与维修专业资源库"为支撑,资源库中含有内容丰富、数量巨大、知识全面的素材资源,教材与资源高度匹配,使教材更加形象化、情景化、动态化、生活化,可大幅提升教学效果。

本套教材是中国交通教育研究会职业教育分会汽车运用工程专业委员会、四川交通职业技术学院、广西交通职业技术学院、天津交通职业学院、广东交通职业技术学院、湖北交通职业技术学院、江西交通职业技术学院、陕西交通职业技术学院、北京交通运输职业学院(院校排名不分先后)及上海景格科技股份有限公司合作,在行业专家、教学专家的指导下共同开发的"高职汽车检测与维修专业资源库合作建设教材"。希望通过使用本套教材,学生能够学到扎实的基础知识、练就娴熟的专业技能、具备实践操作经验,让学生决胜于职场,创造出一个美好的未来。

《汽车维护技术》是本套教材中的一本,与传统同类教材相比,本书从汽车机电维修工的岗位职业能力要求出发,对岗位工作内容进行梳理,提炼出汽车润滑油的检查与更换、汽车工作液的检查与更换、汽车发动机维护、汽车底盘维护和汽车电控系统维护五大任务,共 14 个典型子任务。

本书的编写分工为:陕西交通职业技术学院的姚鑫编写学习任务一、学习任务二,陕西交通职业技术学院的黄晓鹏编写学习任务三、学习任务五的子任务4,陕西交通职业技术学院的高彦军编写学习任务四,陕西交通职业技术学院的蔺宏良编写学习任务五的子任务 1～子任务 3 并负责全书的统稿。全书由蔺宏良担任主编,由姚鑫、黄晓鹏、高彦军担任副主编,由陕西交通职业技术学院崔选盟担任主审。

在本书的编写过程中,编者参阅了大量国内外文献与书籍,限于体例未能一一说明,在此,对文献及书籍的作者一并致以衷心感谢!

由于编者水平有限,加上时间仓促,书中疏漏与不妥之处在所难免,敬请有关专家和读者批评指正。

2016 年 6 月

目 录
MULU

学习任务一 汽车润滑油的检查与更换

任务概述

汽车在正常行驶时，相对运动零件的摩擦表面需要均匀覆盖一层清洁的油膜，以减小摩擦阻力，减轻机件磨损，降低力率消耗和动力损失。如果汽车润滑油已达到规定使用里程或时间，其作用将会降低或丧失。如果发动机润滑油变质，将加剧机件磨损，动力性变差，缩短发动机使用寿命；如果变速器油液变质或缺失，将会造成机件磨损，换挡有冲击；如果是变速器控制油液变质或缺失，会造成换挡响应不及时。

由此可见，汽车润滑系统对于确保汽车正常运行，保证其各项性能指标处在最佳状态具有重要意义。因此，必须定期对汽车润滑系统进行检查与维护，及时发现和排除故障，以确保汽车的正常工作。

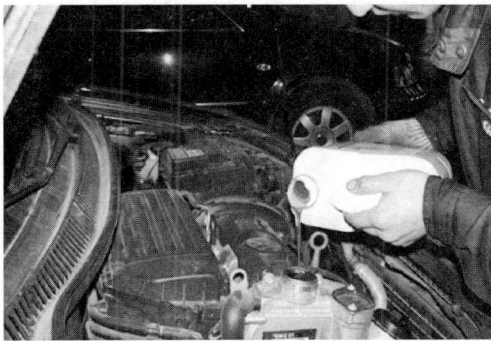

主要学习任务

1. 发动机润滑油的检查与更换
2. DSG变速器油的检查与更换

子任务 1 发动机润滑油的检查与更换

任务描述

车主李先生反映,最近一段时间,早上起动车辆困难,热车后再次起动正常。车辆放置4S店一晚上,早上技术人员对汽车进行试车起动,检查发现在起动车辆时,起动机转动正常,但无法一次完成发动机的起动过程,经过询问车主上一次维护时间和地点、检查蓄电池电容量、检查发动机润滑油油位和品质,初步怀疑是发动机润滑油品质的问题。

发动机润滑油的品质对于汽车来说十分重要。首先,如果发动机润滑油品质不好,黏度过大就会造成起动阻力矩过大,起动困难;黏度过小,在这种情况下高速运转,就容易将轴承烧坏,俗称"烧瓦";如果发动机润滑油的清洁分散性不好,长期使用后就会在活塞环周围产生积炭,而积炭严重时就会造成活塞环卡死或者折断。通常使用质量不好的发动机润滑油,会引起发动机润滑油消耗过大;如果发动机润滑油的抗磨损性能不好,就会使活塞环和汽缸之间的磨损加剧,油环刮油作用减弱,使发动机润滑油进入燃烧室参加燃烧,产生排气管冒蓝烟的现象。

因此,接下来需要对发动机润滑油进行检查和更换。

学习目标

(1)能描述发动机润滑油的功用、组成和构造;

(2)能描述发动机润滑油的种类、规格和特性;

(3)能够对发动机润滑油进行正确检查;

(4)掌握更换发动机润滑油与一般维护的服务规范;

(5)掌握发动机润滑油更换技术;

(6)会运用所学知识和经验,为客户提供汽车发动机日常正确使用和维护的建议;

(7)具备信息查询和手册使用的基本能力;

(8)能够按照企业 5S 要求和安全生产规范进行操作;

(9)养成自主学习的习惯,培养操作规范的工作作风及环保意识。

建议学时:4 学时。

知识准备

发动机润滑油,简称机油。正确使用机油是保证发动机正常工作的重要前提,合理使用机油不仅可以减少发动机故障,延长发动机寿命,还能降低油耗,减少排放。发动机工作时,相对运动零件的摩擦表面需要覆盖一层均匀清洁的机油油膜,以减小摩擦阻力,减轻机件磨损,降低功率消耗,保证发动机正常工作。如果机油已达到规定使用里程或时间,会变质或变脏,其作用将会降低或丧失;如果机油滤清器已达到规定使用里程或时间,其滤清能力下降,机油中的杂质便会进入相对运动零件间隙中。总之,机油和机油滤清器应按规定时间或行驶里程更换,否则,将加剧机件磨损,缩短发动机使用寿命。

一、机油的功用

(1)润滑:机油可使发动机内部运动零件表面之间的干摩擦变为液体摩擦,减少零件表面的摩擦、磨损和功率损失。

(2)冷却:机油流经摩擦表面,带走摩擦副产生的 6% ~14% 的热量,维持零件正常工作温度。

(3)清洁:通过机油的循环流动冲洗零件表面,带走摩擦副之间的磨屑或其他杂质。

(4)密封:利用机油的黏性,使其附着在相互运动零件的表面之间形成油膜,起到密封作用。

(5)防蚀:附着在零件表面的机油避免了零件与水、空气、燃气等的直接接触,起到防止或减轻零件锈蚀和化学腐蚀的作用。

二、润滑方式

(1)压力润滑:对负荷大、相对运动速度高(如主轴承、连杆轴承、凸轮轴轴承等)的零件,用机油泵以一定压力将机油通过油道输送到零件摩擦间隙中进行润滑的方式。

(2)飞溅润滑:对外露、负荷较轻、相对运动速度较小(如活塞销、汽缸壁等)的工作表面,依靠运动零件飞溅起来的油滴或油雾进行润滑的方式。

(3)润滑脂润滑:对水泵、发电机、起动机的轴承定期加注润滑脂进行润滑的方式。

三、润滑系统的组成及油路

润滑系统由油底壳、机油泵、机油滤清器、机油限压阀、机油报警装置、油道等组成(图 1-1)。

润滑系统油路如图 1-2 所示。

四、润滑系统主要零部件的构造

1. 油底壳

油底壳用来储存机油。在大多数发动机上,油底壳还起到为机油散热的作用。在油底壳与发动机缸体之间有油底壳衬垫,在安装油底壳时,需涂抹密封胶。

2. 机油泵

机油泵的作用是提高机油压力,保证其在润滑系统内不断循环。其形式主要有齿轮式机油泵和转子式机油泵两种。

图1-1 润滑系统的组成

图1-2 润滑系统油路

（1）齿轮式机油泵：由主动齿轮、从动齿轮、壳体等组成。其工作原理是依靠齿轮的啮合旋转，分开时产生真空吸油，啮合时产生压力出油。其具有结构简单、加工方便、工作可靠、使用寿命长等优点。齿轮式机油泵结构和原理分别如图1-3和图1-4所示。

图1-3 齿轮式机油泵结构

图1-4 齿轮式机油泵工作原理

（2）转子式机油泵：由内转子、外转子等组成，内外转子偏心安装，在内转子旋转时，带动外转子旋转，旋转时导致进油腔和出油腔容积发生变化；其工作原理是进油腔容积逐渐增大产生真空吸油，出油腔容积逐渐减小产生压力出油；其具有结构紧凑、质量小、外形尺寸小、泵油量大、供油均匀度好、成本低等优点。转子式机油泵结构和原理分别如图1-5和图1-6所示。

3. 机油滤清器

机油滤清器用来过滤机油中的杂质、磨屑、油泥和水分等杂物，使送到各润滑部位的都是清洁的机油。一般轿车都装有集滤器（图1-7，在油底壳处）和机油滤清器（图1-8，在油道处）。

图1-5　转子式机油泵结构

图1-6　转子式机油泵工作原理

集滤器

图1-7　集滤器

图1-8　机油滤清器

4. 机油限压阀

机油限压阀又称安全阀,用于限制最高机油压力,并让其稳定在一定范围之内。当油压过高时机油限压阀打开,多余的机油便直接流回油底壳,发动机正常机油压力为 0.18 ~ 0.35MPa。

5. 机油滤清器旁通阀

为了防止机油滤清器堵塞后导致润滑系统缺油使摩擦副之间发生干摩擦,在机油滤清器内设有旁通阀。一旦滤清器发生杂质淤塞,进油道与出油道中的压力差达到 0.15 ~ 0.18MPa 时,该阀打开,机油不经滤清器直接进入主油道,保证对各部件的润滑。

6. 机油压力报警装置

机油压力报警装置由装在仪表板上的机油压力报警灯和装在发动机主油道上的机油压力传感器组成。机油压力报警灯用来显示机油油道中的机油压力状况,当打开钥匙时,车辆开始自检,指示灯点亮(图1-9),起动后自动熄灭;若该指示灯常亮,说明该车机油压力低于规定标准,需要维修。

图1-9　机油压力报警灯

五、机油的种类、规格和特性

1. 机油的种类

机油主要有合成机油与矿物机油两种。

（1）矿物油：矿物油是在原油提炼过程中分离出有用的轻馏分（如航空油、汽油等）之后，利用残留在分流塔内的塔底油提炼而成。

（2）合成油：合成油则由原油中的瓦斯气或天然气分散出来乙烯、丙烯后，再经聚合、催化等繁杂的化学反应炼制而成。

2. 不同种类机油的特性

就油的本质而言，矿物油是原油中较差的成分，提炼技术再先进也无法将其中杂质完全清除；而合成油是原油中较好的成分，加以化学反应并通过人为控制，可以达到预期的分子形态，分子排列整齐，抵抗外界变量的能力强。

所以，合成油质量较好，在热稳定性、抗氧化反应、抗黏度变化、冷车起动流动性、抗磨损保护性及节省燃油效能方面，都比矿物油好。

3. 机油的分类

机油的分类基于其黏度数值而最终形成了国际统一的标准。常见的是 SAE（美国汽车工程师学会）标准和 API（美国石油学会）标准。

1）SAE（美国汽车工程师学会）的黏度分类法

SAE 标准是衡量机油黏度的标准，又分为单式黏度和复式黏度。黏度指数的含义：字母 W 表示在 20℃时测量到的机油黏度，低黏度机油有利于在较冷的气候下起动发动机。无字母的数值表示 100℃时测量到的机油黏度，SAE 数值越低，机油就越稀。例如：SAE 10W/30 表示该机油在 20℃下符合 SAE 10 机油的标准，在 100℃下符合 SAE 30 机油的标准。发动机润滑油黏度等级分类见表 1-1。

发动机润滑油黏度等级分类   表 1-1

黏度等级	在规定温度（℃）下的黏度（MPa·s）不大于	边界泵送温度（℃）不高于	100℃黏度（10^{-6} m²/s）		黏度等级	在规定温度（℃）下的黏度（MPa·s）不大于	边界泵送温度（℃）不高于	100℃黏度（10^{-6} m²/s）	
			不小于	不大于				不小于	不大于
0W	−30 3250	−35	3.8		20			5.6	9.3
5W	−25 3500	−30	3.8		30			9.3	12.5
10W	−20 3500	−25	4.1		40			12.5	16.3
15W	−15 3500	−20	5.6		50			16.3	21.3
20W	−10 4500	−15	5.6		60			21.3	26.1
25W	−5 6000	−10	9.3						

W 组系列——六个级别（0W、5W、10W、15W、20W 和 25W），冬用。

非 W 组系列——五个级别（20、30、40、50 和 60），春秋和夏用。

多级机油——用双重黏度级别号码标注，如 10W/30、15W/40，可在一定地区内冬夏通用。需要注意,SAE 标准表示的是该种机油在极冷和极热环境下的黏度特性,并不代表机油质量的好坏。要知道机油的质量如何,则必须参考 API(美国石油学会)编制的质量标准。

2)API(美国石油学会)的使用条件分类法。

API 标准是一个综合衡量机油质量高低的标准,机油质量由低至高依次划分为:SA、SB、SC、SD、SE、SF、SG、SH、SJ、SL、SM 等级。SM 是目前世界质量级别最高的机油等级。

S 系列——汽油机油系列,有 SA、SB、SC、SD、SE、SF、SG、SH 和 SJ 等级别。

C 系列——柴油机油系列,有 CA、CB、CC、CD、CE 和 CF 等级别。

3)ACEA(欧洲汽车制造商协会)分类标准

ACEA(Association des Constructeurs Europeens)是欧洲汽车制造商协会。总部设在比利时的布鲁塞尔。ACEA 油品标准是欧洲汽车制造业对于汽车用润滑油的检验认证标准,其部分标准与 API 相同,一般来说从技术要求上要高于美国 API 标准。ACEA 油品标准的三个长期战略目标是:燃油经济性、排放法规和保护发动机。ACEA 每两年修订汽车润滑油规格一次,在 ACEA 的系统中,也是以两个字元为一组,供针对汽油车、柴油车机油的品质选用作业分类。以"A"开首表示针对汽油发动机机油的规范,目前分为 A1、A2、A3 及 A5 四个等级;"B"开头表示针对轻负荷柴油发动机机油的规范,目前分为 B1、B2、B3、B4 及 B5 五个等级;"E"开头表示针对重负荷柴油发动机机油的规范,目前分为 E2、E3、E4 及 E5 四个等级。

ACEA 欧洲汽车制造协会在 2008 年 12 月发表了汽油、柴油发动机机油最新的分类级数,这包含机油的三种分类级数如下:①汽油和轻型柴油发动机用油品:A1/B1-08、A3/B3-08、A3/B4-08、A5/B5-08 四个级数;②汽油和轻型柴油发动机装置后处理系统的油品(触媒匹配):C1-08、C2-08、C3-08、C4-08 四个级数;③重型柴油发动机用油品:E4-08、E6-08、E7-08、E9-08 四个级数。例如:ACEA A3/B3 表示油品稳定、级数持久不变,设计用于高性能汽油及轻型柴油发动机及原厂认定的延长换油里程或长年用低黏度油,或原厂认定的严苛运转。

4. 机油的选择与使用原则

品种的选用——机型越新、工作条件越苛刻,使用的品种级别应越高。缺少所需品种时,可以高代低,不可以低代高黏度等级的选用——参照《石油产品标准的气温资料》(中央气象局编)按 10% 风险率的最低气温(℃)正确选用,机油黏度等级与环境温度的关系见表 1-2。

机油黏度等级与环境温度的关系　　　　　　　　　　表 1-2

环境温度(℃)	适宜的黏度等级	环境温度(℃)	适宜的黏度等级
−40 ~ −18	5W	−15 ~35	15W/40
−25 ~ −0	10W	0 ~30	30
−20 ~5	15W	5 ~40	40
−15 ~10	20W	10 ~50	50
−15 ~20	20	−35 ~35	5W/40
−28 ~18	5W ~20	−35 ~28	5W/30
−20 ~35	10W/40	−15 ~20	20W/20
−20 ~28	10W/30	−5 ~35	20W/40
−20 ~20	10W/20		

5.机油的性能

通常机油应该具备以下性能。

1）有适当的黏度

发动机的工作压力很高,主轴承、连杆轴承等部位要承受很高的负荷。若机油不能在运动部位形成一定厚度的油膜,发动机磨损就会增大。黏度过低会使汽缸密封不严,机油油耗增大,黏度过大会使摩擦阻力增大,造成燃油油耗增大,冷起动困难。

2）有良好的黏温特性

黏温特性是指机油黏度随温度升高而减小,随温度降低而增大的性质。黏度随温度变化越小,机油的黏温特性越好,对使用越有利。

3）有较低的凝点

若机油的凝点高,冬季气温较低时机油流动困难,甚至会凝固,轻则造成发动机暖机时间长,重则导致发动机无法起动。

4）有良好的抗氧化性

抗氧化性是指机油抵抗氧化的能力。以汽油机为例,活塞头环处温度约为205℃,活塞裙部约为110℃,主轴承处约为85℃,机油在这样的高温下极易氧化。此外,汽缸窜气也会加剧机油的氧化。

5）有良好的清净分散性

清净分散性是指机油能够防止形成积炭、漆膜和油泥的能力。清净分散性是机油的特殊性质,只有清净性好的机油才能有效防止积炭、漆膜和油泥的生成。

六、更换周期

使用时间的长短是影响机油是否老化变质的基本因素。在一般地区,通常轿车采用SAE5W/30级机油,更换里程5000km或6个月,具体情况依车型参照车辆用户手册为准。

操作指引

1.组织方式

（1）场地设施:装有废气抽排系统和消防设施的场地。

（2）设备设施:一汽一大众迈腾轿车和举升机。

（3）工具:废机油收集器、机油滤清器套筒、防护五件套、翼子板布、前格栅布、车轮挡块、常用工具（一套）、防护用品等。

（4）耗材:新机油、机油滤清器、抹布等。

（5）维修资料等。

2.操作要点

（1）在操作开始前,检查所有的设备并备齐工具。

（2）遵守场地安全规定,注意用电安全。

（3）在操作举升机举升车辆前必须检查举升机的性能是否完好。

（4）在进入客户车辆内部前必须使用五件套保护,在发动机罩部位操作前必须使用翼子板布和前格栅布保护。

（5）在车辆举升时,要注意检查车辆举升位置、举升后车辆是否稳定和车身是否倾斜。

（6）起动发动机时,正确安装车轮挡块,防止车辆移动。

（7）注意在实训操作指导中提到的一些细节的相关提示。

任务实施

1. 准备

（1）车辆进入工位前,将工位清理干净,排除障碍物,准备好相关工具、物品等。

（2）安装防护五件套（地板垫、座椅套、转向盘套、换挡杆套和制动手柄套）。

（3）将车辆停驻在举升机中央位置,起动电子驻车制动且变速器置于空挡,安装车轮挡块。

（4）拉起发动机罩释放杆,打开发动机罩。

（5）安装翼子板布和前格栅布。

2. 机油的检查

（1）打开点火开关,起动发动机并保持怠速运转 3～5min。其间注意观察冷却液温度表指示数值的变化。当冷却液温度达到 60～70℃时,关闭点火开关,停止发动机运转。

注意:将发动机预热,提高发动机的温度,使机油黏度变小,有利于发动机内的机油排放彻底;起动发动机时,要提醒汽车周围的人员,注意起动安全。

（2）使用工具拧松发动机装饰罩固定螺栓,取下发动机装饰罩（图 1-10）。

（3）用棉纱擦净机油加注盖周围的油渍、尘土等,并旋下机油加注盖。旋下机油加注盖之前,要清除周围的脏污,防止掉入发动机的内部,加剧磨损。

（4）拔出机油尺,用干净的抹布擦净机油尺上的机油。

（5）再次插入机油尺捅到底,重新拔出后读出机油油位,看油位是否在机油尺的上限和下限之间（图 1-11）。箭头 1 和 2 分别表示上限和下限。

图 1-10 拆卸发动机装饰罩

（6）检查完机油油位后,对机油油质进行检查。观察其透明度,色泽通透略带杂质说明还可以继续使用;若色泽发黑,闻起来带有酸味,说明机油已经变质,应更换机油了。也可采用检查机油黏稠度的方法判断其是否变质,沾一点机油在手上,用 2 个手指捏住机油检查其是否还具有黏性,如果机油在手指中像水一样没有一点黏性,说明机油已达到使用极限必须更换,以确保发动机的正常运作。

（7）检查气门罩垫、加油口、曲轴前油封等处是否存在漏油现象。

3. 机油的添加

用棉布擦净机油加注盖周围的油渍、尘土等,并旋下机油加注盖。如图 1-12 所示,在当前的机油尺上:

A——不得添加机油。

B——可添加机油。此时机油油位在添加后可能位于 A 区。

C——必须添加机油。添加后机油油位在 B 区就可以了(波纹区)。

图 1-11 机油尺

图 1-12 机油尺刻度

机油油位位于 A 标记之上可能会有损害尾气催化净化器的危险,还会导致机油激溅,发动机运转阻力增大,机械效率降低;机油油位位于 C 标记下,机油不足,发动机润滑等性能下降,机件磨损加剧,必须添加。

4. 机油的更换

(1)将车辆开至举升机工位,打开发动机罩,更换机油滤清器(图 1-13)。用机油滤清器扳手 3417(图 1-14)和扭力扳手 V. A. G1331(图 1-15)旋松机油滤清器。等待几分钟,以使机油流回发动机,接着拧下机油滤清器。注意切勿将机油滴到多楔带或三相交流发电机上。

图 1-13 机油滤清器

1-机油压力防降开关螺母;2-机油压力防降开关;

3-机油压力开关螺母;4-机油压力开关

图 1-14 机油滤清器扳手 3417

图 1-15 扭力扳手 V. A. G1331

(2)安装机油滤清器前先清理密封面,用机油略微润滑新滤清器的橡胶密封件。从而确保在拧紧滤清器时能达到最佳密封效果。机油滤清器拧紧力矩为 22N·m。

（3）举升前要确保支撑点正确，举升时，当车辆离开地面时要检查车辆支撑可靠，车辆无倾斜后方可将车辆举升到目标高度，下降举升机，确保机械锁止后，方可进入车下作业。

（4）拆卸发动机下护板。发动机下护板较沉重，拆卸过程中一定要注意安全；车下作业时，应采取人身安全防护措施；如佩戴防护帽、防护手套、防护服等。

（5）将废机油收集器 V. A. G1782（图 1-16）置于发动机油底壳放油螺塞的正下方，使用扭力扳手 V. A. G1331 和 19mm 梅花套筒拧松放油螺塞，然后用手缓缓旋出放油螺塞，让机油流入废机油收集器内。旋出时要稍用力向上推放油螺塞，确定螺纹已全部旋出后，急速移开放油螺塞，否则，机油会流到手上或衣服上。

（6）检查放油螺塞是否损坏（图 1-17），更换新垫片。使用棉纱擦净放油螺塞上吸附的金属屑。

（7）当油底壳的排油孔不再滴油时，用手旋入放油螺塞。用手旋入放油螺塞，可以保证对正螺纹。严禁使用工具旋入，因为螺纹一旦歪斜，便会造成损坏。

图 1-16　废机油收集器

（8）使用扭力扳手 V. A. G1331 和 19mm 梅花套筒拧紧放油螺塞，拧紧力矩为 30N・m。

（9）用棉纱擦净放油螺塞和油底壳上的油迹。

（10）操作举升机，将车辆平稳降落到地面上。

（11）选择车辆规定的机油，旋下孔油桶盖，然后一手握住机油桶上的手柄，一手托住机油桶的底部，对正发动机的加油口，稍稍倾斜机油桶，缓缓将机油倒入发动机内（图 1-18）。

图 1-17　检查放油螺塞垫片

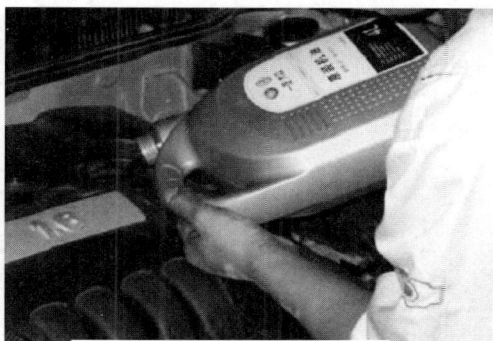

图 1-18　加注机油

（12）加注完毕后旋紧加注盖，起动发动机并保持运转 3～5min，关闭点火开关。拔出机油尺，擦净刻度处机油，再次插入机油尺后拔出检查油面高度，应位于上下刻度线中间偏上的位置，为正常；偏下，则添加适量机油；高于上刻度线，应放出适量机油。

机油加注后，使发动机运转一段时间，主要目的是填充润滑系统中的储油空间，便于确定油底壳中的实际存油量。

（13）操作举升机将车辆举升到目标高度，可靠停车。检查放油螺塞处是否漏油，如有泄漏，立即修复。

（14）安装发动机下部护板。

5.整理工位

收回翼子板布和前格栅布,关闭发动机罩;收回防护五件套,清洁车辆、清洁地面卫生,处理废弃物。

6.废机油的环保处理

废机油放入收集桶中后,要抽出废机油并储存在专门的容器中,然后由经政府有关部门批准的回收者回收。经商用锅炉中燃烧实现能源的回收利用。

用过的机油滤清器至少要滴沥24h,然后破碎并回收。沾油抹布或棉纱等应放在规定容器内。

任务小结

(1)机油和机油滤清器应按规定时间或行驶里程更换,否则,将加剧机件磨损,缩短发动机使用寿命。

(2)更换机油,将发动机预热,提高发动机的温度,使机油黏度变小,有利于发动机内的机油排放彻底;起动发动机时,要提醒汽车周围的人员,注意起动安全。

(3)检查机油油位时,车辆要放在水平路面上,打开点火开关,起动发动机并保持怠速运转3~5min。其间注意观察冷却液温度表指示数值的变化,当冷却液温度达到60~70℃时,关闭点火开关,停止发动机运转。至少等候5min,以使机油充分回流到油底壳中再进行检查。

(4)机油不能加注过多,否则可能会有损害尾气催化净化器的危险,还会导致机油激溅,发动机运转阻力增大,机械效率降低;机油也不能加注过少,机油不足,发动机润滑等性能下降,机件磨损加剧。

子任务2　DSG变速器油的检查与更换

任务描述

一辆2011年出厂的迈腾轿车,配置1.8TSI发动机和DSG双离合6速02E变速器。该车为事故车,维修过程中损失了变速器油。

因大众DSG变速器分干式和湿式两种,先要了解一下该车的变速器是哪款型号。2011款迈腾1.4TSI轿车配备的是7速0AM干式DSG变速器,迈腾1.8TSI和2.0TSI轿车配备的是6速02E湿式DSG变速器,这两种变速器的油液加注也不一样。DSG干式7速变速器油液的加注量、方式和型号为:变速器齿轮油加注1.7L,型号为G 052 171;液压元件的液压油 1L,型号为 G 004 000。因为该型号的变速器为终身免维护型,目前市面上只可以买到上面型号的齿轮油,即使 4S 店也很少备有。大众 DSG(02E)湿式变速器液压油加注量为:初装时为 7.2L;换油为 5.2L。02E 加注的 ATF 型号为 G 052 182。

学习目标

（1）掌握 DSG 变速器的分类和对应油品型号;

（2）能够对 DSG 变速器油进行正确检查;

（3）掌握更换 DSG 变速器油的服务规范;

（4）掌握 DSG 变速器油更换技术;

（5）会运用所学知识和经验,为客户提供汽车 DSG 变速器日常正确使用和维护的建议;

（6）具备信息查询和手册使用的基本能力;

（7）能够按照企业 5S 要求和安全生产规范进行操作;

（8）能与同学密切合作,规范安全地完成学习活动;

（9）养成自主学习的习惯,培养操作规范的工作作风及环保意识。

建议学时:4 学时。

知识准备

DSG 变速器号称是目前世界上最先进的、具有革命性的变速器系统。DSG(Direct Shift Gearbox)中文意思为"直接换挡变速器",DSG 有别于一般的半自动变速器系统,它是基于手动变速器而不是自动变速器。

2003 年,经过大众汽车工程师们的多年努力研发,历经了无数次试验及数百万千米的路试,大众汽车率先成功地推出了 6 挡 DSG 双离合变速器,并成为第一家将 DSG 双离合变速器装备于量产轿车的汽车制造商。从这一刻开始,大众的双离合变速器有了自己的名字——DSG。

DSG 变速器又称双离合变速器(Double-clutch Gearbox),它特殊的地方在于比其他变速器换挡更快,传递的转矩更大而且效率更高。DSG 有两种形式,即俗称的"湿式"和"干式"。"干式"双离合器结构简单,因而更经济,相对结构稍复杂的"湿式"而言,故障率较高;而"湿式"则显得动力更为强劲。

一、干式双离合变速器

干式双离合器即 7 速 DSG 变速器,代号为 0AM。因为它的"双离合器"不是像 6 挡 DSG 那样安装于封闭油腔里,所以,被称为干式双离合器。干式双离合器结构简单,但是干式离合器自身结构的固有特性使它能够承受的最大转矩比"湿式"离合器要低。可匹配最大转矩为 250N·m 的"较小"发动机。由于生产成本更低,生产者认为,干式是较湿式更为"先进"。其双离合器由 3 个尺寸相近的离合器片同轴相叠安装组成,位于两侧的两个离合器片分别连接 1、3、5、7 挡和 2、4、6 挡以及倒挡齿轮,中间盘在其间移动,分别与两个离合器片接合或分离,通过切换来进行换挡。

0AM 变速器有两条变速器油管路。一条油路用于齿轮和轴,里面加注的是齿轮油 G 052 171;另一条油路用于双离合器变速器的机械电子单元 J743,里面加注的是液压油 G 004 000。

(1)齿轮油的作用:润滑和冷却齿轮、轴、轴承、同步器。

(2)齿轮油的要求:齿轮油一经加注即可长期使用。变速器中齿轮油的标准加注量为 1.7L,不允许多加或少加,否则会破坏变速器的正常功能。因为排放变速器齿轮油时,变速器内部会有残余齿轮油,所以在加注齿轮油时分为以下两种情况。

①如果变速器没有泄漏齿轮油的情况,在排放齿轮油时,用量杯测量排放的齿轮油的量,按排放量来确定齿轮油的加注量。

②如果变速器有泄漏齿轮油的情况,应当首先检查漏油的原因,并排除漏油故障,然后排放齿轮油。齿轮油的加注量为 1.5L。

(3)齿轮油的排放和加注:

①用扳手拧下变速器放油螺塞(图 1-19)齿轮油的排放时间不少于 10min,排放齿轮油并进行正确的回收处理。

②齿轮油的加注,拔下变速器通气口的通气帽,通过变速器通气口加注齿轮油(图 1-20)。

30N · m

图 1-19　变速器放油螺塞　　　　　　　图 1-20　变速器通气口

二、湿式双离合变速器

湿式双离合器即 6 速 DSG 变速器,代号为 02E。其双离合器为一大一小两组同轴安装在一起的多片式离合器,分别连接 1、3、5 挡以及倒挡和 2、4、6 挡齿轮。湿式是指双离合器安装于一个充满液压油的封闭油腔里。这种湿式结构具有更好的调节能力和优异的热容性,因此能够传递比较大的转矩。6 挡 DSG 可匹配最大转矩为 350N · m 的发动机。在我国市场,帕萨特 2.0TSI、迈腾 2.0TSI 两款国产车型以及大众汽车 CC、R36、EOS、Scirocco、迈腾 3.2FSI 等大众汽车进口车型都装备了 6 挡 DSG。

(1)齿轮油的作用:6 速 DSG 变速器齿轮油所起的作用不仅仅是润滑变速器,齿轮油执行许多任务,能满足非常高的要求。齿轮油将差速器中的金属微粒传送至齿轮油滤清器中,此齿轮油确保齿侧面的润滑膜不会被撕裂;同时,齿轮油也向齿轮驱动装置提供必要的压力,使得它们能正常进行工作;此外在换挡过程中,它封闭柱形阀并且有助于同步环的工作。齿轮油存储并传送热量,且降低噪声。

（2）齿轮油的要求：变速器中齿轮油的出厂加注量为7.2L，售后加注量为5.2L。要发挥它的性能，如果发生下列情况，必须更换变速器中的齿轮油和齿轮油滤清器。

①达到了60000km维护服务期限时。

②冷却液已进入齿轮油中。

③发现齿轮油中有金属微粒。

④离合器烧坏或存在机械故障。

（3）齿轮油排放和放油螺塞

通过放油螺塞A来排放和检查油位（图1-21）。放油螺塞孔内有一根塑料溢流管（用8mm内六角扳手拆卸和安装，拧紧力矩为3N·m）。它的长度决定变速器中齿轮油的油位。

图1-21　变速器放油螺塞

操作指引

1. 组织方式

（1）场地设施：装有废气抽排系统和消防设施的场地。

（2）设备设施：一汽—大众迈腾轿车和举升机。

（3）工具：变速器油回收器、VAS6262、防护五件套、翼子板布、前格栅布、车轮挡块、常用工具（一套）、防护用品等。

（4）耗材：02E变速器油、齿轮油滤清器、抹布等。

（5）维修资料等。

2. 操作要点

（1）在操作开始前，检查所有的设备并备齐工具。

（2）遵守场地安全规定，注意用电安全。

（3）在操作举升机举升车辆前必须检查举升机的性能完好。

（4）在进入客户车辆内部前必须使用五件套保护，在发动机罩部位操作前必须使用翼子板布和前格栅布保护。

（5）在车辆举升时，要注意检查车辆举升位置、举升后车辆是否举升可靠和车身是否倾斜。

（6）正确安装车轮挡块，防止车辆移动。

（7）注意在实训操作指导中提到的一些细节的相关提示。

任务实施

1. 准备

（1）车辆进入工位前，将工位清理干净，排除障碍物，准备好相关工具、物品等。

（2）安装防护五件套（地板垫、座椅套、转向盘套、换挡杆套和制动手柄套）。

（3）将车辆停驻在举升机中央位置，拉紧驻车制动器操纵杆或变速器置于空挡，安装车轮挡块。

（4）拉起发动机罩释放杆，打开发动机罩。

（5）安装翼子板布和前格栅布。

2. 齿轮油的检查

（1）如果没有造成齿轮油泄漏，不用检查齿轮油油位。

（2）首先通过诊断仪 VAS505X 读取齿轮油的温度，如果高于 50℃，则让变速器冷却。在发动机停止工作的状态下，旋出溢流管并排出齿轮油。然后重新安装溢流管并加注齿轮油。起动发动机并运转一会儿后关闭发动机，旋出放油螺塞，排放多余的齿轮油，直至齿轮油油位与溢流管平齐。

3. 拆卸和安装齿轮油滤清器

（1）将发动机熄火，不要起动发动机，将接油机 V. A. G1782 放到变速器下面。

（2）略微翻转变速器壳体，使其处于图 1-22 所示位置，通过旋转约 7 圈松开滤清器壳体，等待 10s，使滤清器壳体内的油流回变速箱。

（3）取下滤清器壳体。

（4）向下插入带凸肩的新滤清器（图 1-23），用 20N·m 的力矩拧紧罩壳。

4. 齿轮油的排放与加注

（1）关闭发动机。

（2）操作举升机举升汽车，使汽车处于水平位置。

（3）必要时，拆卸隔声底板。

（4）将旧油收集和抽吸装置 V. A. G1782 放置在变速器下。

（5）更换新的滤清器。

图 1-22　变速器滤清器壳体　　　　图 1-23　安装新滤清器

（6）拆卸摆动支撑附近的检查螺塞，拧下箭头处的放油螺塞及放油孔内的溢流管（图 1-24），溢流管的长度决定了变速器油的液面高度，5L 左右的变速器油可以被放出，以 3N·m 的力矩将溢流管拧回放油孔。

（7）用手拧入 VAS 6262 的适配接头 A（图 1-25）到检查孔中。

图 1-24   变速器放油螺塞

图 1-25   VAS 6262

（8）在打开前请晃动油罐，加注 5.5L DSG 油，更换油瓶时可以关闭阀门或将变速器油加注适配接头 VAS 6262 的高度保持得比变速器高。

（9）接上 VAS505X，阅读变速器油温度。

（10）起动发动机，踩下制动踏板，试挂所有挡位，每个挡位停留 3s，将换挡杆置入 P 挡当变速器油温度达到 35～45℃时，拆下 VAS6262 的快速接头，让多余的变速器油流出，当变速器油开始滴出时，拧下 VAS6262 接头，拧上放油螺塞，注意更换新的密封垫拧紧放油螺塞，拧紧力矩为 45N·m。

（11）关闭发动机。

（12）安装隔声底板。

5. DSG 油更换维护要点

（1）首先彻底清洁连接点及其周围区域，然后旋出螺塞；在进行变速器维修过程中需要尽可能地保持准确和清洁，并使用合适的工具。

（2）如果变速器盖板的螺栓已被拆下或变速器中没有变速器油，则不允许起动发动机，不允许牵引车辆。

（3）安装变速器时注意发动机与变速器之间定位销的正确位置。

（4）将拆下的零件放置在干净的地方。建议使用塑料薄膜和纸张覆盖零件，防止它们被污染。不要使用带纤维的抹布！

（5）在安装径向轴承密封圈之前，要用密封油脂 G 052 128 涂抹密封唇之间的空隙，密封圈开口的一侧应指向变速器内部。

（6）不允许在齿轮油和液压油中加注"添加剂"；不允许将排放的变速器油重新加入变速器中。

（7）如果变速器上有齿轮油，应首先检查齿轮油是从变速器上哪个地方漏出的，先排除漏油故障；之后，才能将新的齿轮油加注至正确的油位。

6. 整理工位

收回翼子板布和前格栅布,关闭发动机罩;收回防护五件套,清洁车辆、清洁地面卫生,处理废弃物。

7. 废油液的环保处理

废油液放入收集桶中后,要抽出储存在专门的容器中,然后由经政府有关部门批准的回收者回收。

任务小结

(1)0AM 变速器齿轮油一经加注即可长期使用,无意外情况不必更换。

(2)02E 变速器齿轮油达到了 60000km 维护服务期限时,必须更换。

(3)不得将排出的变速器齿轮油再次加回去。

(4)换油时,首先通过诊断仪 VAS505X 读取齿轮油的温度,如果高于 50℃,则让变速器冷却。在发动机停止工作的状态下,旋出溢流管并排出齿轮油。然后重新安装溢流管并加注齿轮油。起动发动机并运转一会儿后关闭发动机,旋出放油螺塞,排放多余的齿轮油,直至齿轮油油位与溢流管平齐。

(5)液压油和齿轮油都不可以加多或少加,否则可能会导致功能性故障。

学习任务二　汽车工作液的检查与更换

任务概述

　　汽车工作液主要包含冷却液、制动液、助力转向液和玻璃清洗液等，这些工作液分布在相关系统中能够保证汽车的正常运行。随着汽车行驶里程的增加，这些工作液会产生氧化、变质或消耗，因此需要定期进行检查或更换。以制动液为例，制动液是液压制动系统的工作液体，制动液本身是一种很稳定的压力油，化学品和高温都不易令它变质，但它有一个特点就是会吸收空气中的水分，而液压制动系统必须与大气相通才能正常运作，因此随着行驶里程和时间的增加，制动液会吸收外界空气中的水分，从而导致制动液的沸点大幅度降低，在长时间制动时会由于发热而产生"气阻"，对行车安全产生隐患。因此，大多数汽车厂家要求定期检查制动液的含水率，当含水率超标时则要求更换制动液。例如：东风标致汽车要求每行驶 1 年或 1.5 万 km 时，检查制动液的含水率；行驶 2 年或 3 万 km 时，必须更换制动液。可见，定期对汽车上的工作液进行检查，是确保汽车运行安全和运行效率的基础。

主要学习任务

① 冷却液的检查与更换

② 制动液的检查与更换

子任务 1 冷却液的检查与更换

任务描述

车主李先生反映,最近车辆在运行一段距离后,发动机冷却液温度报警灯常亮,自己检查冷却液液位正常,发动机熄火停一会,再次起动发动机,冷却液温度指示灯熄灭,再行驶一段路程,发动机冷却液温度报警灯再一次亮起,只能求助汽车 4S 店进行救援。技术人员对汽车进行检查后,发现冷却液温度表指示在警示区域,询问车主车辆维护情况,并对冷却液冰点进行检查,认定冷却液变质。

防冻液是发动机重要的"水脉"

冷却系统在发动机运行期间,如果发动机冷却液温度过高,轻则影响发动机的功率,重则致使发动机缸体变形,缩短寿命。

因此,接下来需要对冷却系统进行检查和维护,必要时更换冷却液。

学习目标

(1)能描述冷却液的作用和分类;
(2)能掌握冷却液温度/液位指示灯的作用;
(3)能掌握冷却液检查和更换要点;
(4)能够对冷却液系统密封性进行检测;
(5)能够对冷却液进行更换和加注;
(6)会运用所学知识和经验,为客户提供汽车冷却液日常正确使用和维护的建议;
(7)具备信息查询和手册使用的基本能力;
(8)能够按照企业 5S 要求和安全生产规范进行操作;
(9)能与同学密切合作,规范安全地完成学习活动。
建议学时:4 学时。

知识准备

冷却液可以防止在寒冷季节停车时冷却液结冰而导致胀裂散热器和冻坏发动机汽缸体,冷却液不仅仅是冬季使用的,夏季也应使用。

冷却系统的作用是使发动机得到适度的冷却,并保持其在最适宜地温度范围内工作。强制循环式水冷却系统由散热器、水泵、风扇、膨胀水箱、节温器、传感器等组成。

一、冷却液的作用

冷却液具有冷却、防腐蚀、防垢和防冻四大功能,是发动机正常运转不可缺少的散热介质。

（1）冷却功能。冷却液能将燃料燃烧释放到发动机缸体的热量带走，并在散热器冷却后，再一次回到发动机缸体水套，持续不断地带走下一个工作循环所释放的热量，以保证发动机得到适度的冷却，并保持其在最适宜地温度范围内工作。

（2）防冻结功能。是为了防止汽车在冬季停车后，由于温度过低冷却液结冰而造成散热器、发动机缸体胀裂，所以要求冷却液的冰点应低于该地区最低温度的基础上再低 10℃ 左右，以备天气突变。

（3）防腐蚀功能。即具有防止金属部件腐蚀、防止橡胶件老化的作用。

（4）防垢功能。冷却液在循环口应尽可能少地减少水垢的产生，以免堵塞循环管道，影响冷却系统的散热功能。

（5）防沸腾功能。符合国家标准的冷却液，沸点通常都超过 105℃，比起水的沸点 100℃，冷却液能耐受更高的温度而不沸腾（开锅），在一定程度上满足了高负荷发动机的散热冷却要求。

二、冷却液的分类

冷却液由水、防冻剂、添加剂三部分组成，按防冻剂成分不同可分为酒精型、甘油型、乙二醇型等。

（1）酒精型冷却液。酒精型冷却液是用乙醇作防冻剂，价格便宜、流动性好、配制工艺简单，但沸点较低、挥发损失、冰点易升高、易燃等，现已逐渐被淘汰。

（2）甘油型冷却液。甘油型冷却液沸点高、挥发性小、不易着火、无毒、腐蚀性小，但降低冰点效果不佳、成本高、价格昂贵，用户难以接受，只有少数北欧国家仍在使用。

（3）乙二醇型冷却液。乙二醇型冷却液是用乙二醇作防冻剂，并添加少量抗泡沫、防腐蚀等综合添加剂配制而成。由于乙二醇易溶于水，可以任意配成各种冰点的冷却液，其最低冰点可达 −68℃，这种冷却液具有沸点高、泡沫倾向低、黏温性能好、防腐和防垢等特点，是一种较为理想的冷却液，目前国内外发动机所使用的和市场上所出售的冷却液几乎都是乙二醇型冷却液。

我国汽车发动机冷却液现行标准是《汽车及轻负荷发动机用乙二醇型冷却液》（SH 0521—1999）。冷却液按冰点分为 −25 号、−30 号、−35 号、−40 号、−45 号和 −50 号六个牌号。选用发动机冷却液时，冷却液的冰点要低于环境温度最低温度 10℃ 左右，南方地区一般选用 −25 号或 −30 号既可，北方则需要选用 −45 号或 −50 号的冷却液，冷却液混合比例见表 2-1。

冷却液混合比例

表 2-1

防冻温度至	冷却液比例	水　比　例
−35℃	约 50%	约 50%
−50℃	约 60%	约 40%

三、冷却液温度/液位指示灯

打开点火开关时，该警告灯会亮几秒并进行功能检查。在行驶中如果这个警告灯常亮或闪烁,同时警告音响起,可能是冷却液温度过高或冷却液液面过低。

注意!该警告灯亮时应立即关闭发动机,检查冷却液液面,必要时补充冷却液。

警告!当看见蒸气或冷却液从发动机舱里面溢出时,绝不能立刻打开发动机罩,存在烫伤危险!一直等到蒸气或冷却液不再从发动机舱里面溢出来才能打开发动机罩。为了防止被高温的冷却液烫伤。在打开冷却液补偿容器时要小心,当发动机处于热机状态,冷却系统内有高压,因此在松开之前,要充分冷却发动机。同时,为了保护面部、手和胳膊,应该在打开时用一块大的厚布盖在冷却液补偿容器的盖子上,先放气,然后拧开盖子,以防止被蒸气或热的液体烫伤。

四、冷却液的检查与更换要点

(1)检查冷却液液位时发动机应处于冷态。冷却液液位应位于 max 和 min 之间(图2-1),当液位低于"min"时,需先旋开冷却液罐上的蓝色盖子,加注同型号的专用冷却液。

(2)更换冷却液时,要等发动机充分冷却下来,防止被高温的冷却液烫伤。

(3)使用折射计 T10007 检测冷却液冰点数值。折射计刻度 1 针对冷却液添加剂 G12 ++。刻度 2 针对的是冷却液添加剂 G13(图2-2)。北方地区必须保证防冻能力最低至 −25℃,个别地区达到 −35℃。

| 图 2-1 冷却液液位 | 图 2-2 折射计 T10007 刻度说明 |

(4)如出于天气原因需要更强的防冻力,可提高 G12 ++ 的比例。但如果 G12 ++ 的比例超过 60%(防冻能力:−40℃),其防冻能力又会减弱并会降低发动机的冷却效果。

(5)如果出现不明原因的液体损失,须查明原因并且排除故障。

(6)冷却液添加剂 G12 ++ 使发动机具有防冻、防腐、防垢和提高沸点的特性,务必全年加注使用。特别是热带地区,冷却液的沸点升高有助于发动机高负荷运行的安全性。即使在温和的季节和地区,也不得用添加水的办法来降低冷却液的浓度。冷却液 G12 ++ 与水比例不得少于 40%。

操作指引

1.组织方式

(1)场地设施:装有废气抽排系统和消防设施的场地。

（2）设备设施：一汽—大众迈腾轿车、举升机和压缩空气装置。

（3）工量具：折射计 T10007、冷却系统检测设备的适配接头 V. A. G 1274、冷却系统加注装置 VAS 6096、常用工具（一套）、防护五件套、翼子板布、前格栅布等。

（4）耗材：专用冷却液等。

（5）维修资料等。

2. 操作要点

（1）更换冷却液时，要等发动机充分冷却下来，防止被高温的冷却液烫伤。

（2）遵守场地安全规定。

（3）正确使用折射计 T10007 等工量具。

（4）不允许将 G12 ++ 和其他冷却液添加剂混合。

任务实施

1. 冷却系统密封性检测

（1）打开冷却液膨胀罐盖，将冷却系统检测设备 V. A. G1274（图 2-3）连同冷却系统检测设备的适配接头 V. A. G1274/8 安装在冷却液膨胀罐上（图 2-4），用检测设备的手动泵产生一个约 0.1MPa 的压力。如果压力下降，请查找泄漏点并将故障排除。

FVN V.A.G 1274　　　　FVN V.A.G 1274/8　　　　FVN V.A.G 1274/9

图 2-3　冷却系统密封性检测系列工具

（2）检查膨胀罐盖中的安全阀。将冷却系统检测设备 V. A. G1274 连同冷却系统检测设备的适配接头 V. A. G 1274/9 安装在冷却液膨胀罐盖上（图 2-5），按动手动泵。膨胀罐盖中的安全阀开启正压力为 0.14 ~ 0.16MPa。当冷却系统检测设备上的手动泵将压力提高到不超过 0.14MPa 时，安全阀不得开启，如果安全阀一直打开，则更换膨胀罐盖；将压力提高到 0.16MPa 以上时，安全阀必须开启，如果安全阀不打开，则更换膨胀罐盖。

图 2-4　冷却系统密封检测

图 2-5　检查膨胀罐盖安全阀

23

2. 冷却液的排放

打开冷却液膨胀罐盖时,可能喷出蒸气,因此应用抹布包住盖子慢慢开启。冷却液的排放方法和步骤如下。

(1)打开冷却液膨胀罐盖。

(2)拆下发动机隔声垫的固定螺栓,取下隔声垫。

(3)拔下底部冷却液软管卡箍,从散热器上拆下冷却液软管(图2-6)。也可在拆下保险杠及增压空气冷却器前部的导风罩后,在散热器的排放螺塞处排放冷却液,必要时可使用辅助软管。

(4)拔出膨胀罐下部的冷却液软管,然后使其伸向下方,以便排除剩余的冷却液(图2-7)。

图2-6　散热器下部冷却液软管　　　　图2-7　膨胀罐下部的冷却液软管

3. 冷却液的加注

冷却系统应常年加注专用冷却液。不同型号的冷却液不可混合使用,否则将严重损坏发动机。如果加注失误,应彻底冲洗冷却系统,加入新鲜冷却液。冲洗时加入干净水,发动机运转2~5min,这样可排净旧冷却液。

图2-8　冷却液加注装置
1-排气软管;2-容器;3-压缩空气软管;A、B-阀门

1)使用冷却系统加注装置VAS 6096

(1)将适量的冷却液加注到冷却液罐VAS 6096/1中。

(2)将冷却系统检测设备的适配接头VAG 1274/8拧装在冷却液补偿罐上。

(3)将冷却系统加注装置VAS6096安装在适配接头VAG 1274/8上。

(4)将排气软管1导入到一个小的容器2内,所排放的空气将携带少量的冷却液,应对其进行收集(图2-8)。

(5)请将拉杆横向相对流通方向旋转,关闭阀门A和B(图2-9)。

(6)将软管3连接上压缩空气。压缩空气压力要求0.6~1MPa。

（7）向流通方向旋转拉杆，打开阀门 B，吸入式喷射泵在冷却系统内产生真空；显示仪表的指针必须位于绿色区域内；此时向流通方向旋转拉杆，短暂打开阀门 A，冷却系统加注装置 VAS 6096 的冷却液补偿罐软管内充满冷却液。如果指针位于绿色区域以下，则请重复该过程。

（8）加注冷却液到膨胀罐的"最大（max）"标记位置时关闭阀门，盖上冷却液膨胀罐盖。

图 2-9　VAS6096 阀门结构图

（9）检查冷却液液位。发动机达到工作温度时，冷却液液位必须位于"最大"标记处，而冷机时，则必须位于"最小"和"最大"标记之间。如有必要，添加冷却液。

2）不使用冷却系统加注装置 VAS 6096

（1）关闭暖风和空调系统。

（2）起动发动机，使发动机转速约为 2000r/min，并保持约 3min。

（3）使发动机运转至风扇起动。

（4）缓慢加注冷却液到膨胀罐的"最大（max）"标记位置，盖上冷却液膨胀罐盖。

（5）在膨胀罐关闭状态下检查冷却液液位。发动机达到工作温度时，冷却液液位必须位于"最大"标记处，而冷机时，则必须位于"最小"和"最大"标记之间。

（6）必要时添加冷却液。

4. 整理工位

收回翼子板布和前格栅布，关闭发动机罩；收回防护五件套，清洁车辆，清洁地面卫生，处理废弃物。

5. 废冷却液的环保处理

放出的冷却液不宜再使用，应严格按有关法规处理废弃的冷却液。

任务小结

（1）只能使用 G12 ++ 冷却液添加剂。识别标记：红色。绝对不允许将 G12 ++ 和其他冷却液添加剂混合！如果冷却液膨胀罐中的液体是棕色，则说明 G12 ++ 已与其他冷却液混合了，在这种情况下必须更换冷却液。

（2）当发动机热的时候，禁止直接拧开散热器或膨胀水箱盖，这会导致冷却液沸腾并飞溅出来，造成严重烫伤。

（3）冷却液浓度至少要达 50%（防冻能力达到 - 35℃）且不应超过 60%（防冻能力达到 - 40℃）。否则防冻能力和冷却效率都会降低。

（4）如果出于气候原因需要提高防冻能力，可适当提高 G12 ++ 的比例，但最多不可超过 60%（防冻能力可达 - 40℃）。超过 60%，反而会降低防冻和冷却能力。

（5）如果更换了散热器、热交换器、汽缸盖或汽缸密封件，就不能重复使用已经用过的冷却液。

子任务 2　制动液的检查与更换

任务描述

　　车主王女士反映,自己的 1.8 TSI 迈腾轿车,行驶里程 1520km。今天在行驶过程中出现过三次制动"踩空"的现象,另外制动比较"疲软",汽车制动不住,于是请求 4S 店进行救援。

技术人员奔赴现场,进行试车,制动比较软,但未试出该车出现制动踩空的现象,于是连接专用诊断仪对相关系统进行检测,未发现故障。技术人员先对该车制动系统进行了排空气处理,排完空气后试车,制动效果有些改善,但还是感觉效果不是很好。然后检查该车制动系统是否漏油,没有发现明显的渗漏痕迹,最后触摸了一下右后制动轮缸的防尘套,发现有少量的制动液痕迹,再把防尘套用手拨开一点,发现防尘套内有很多的制动液。

　　因此,接下来需要对制动系统的技术状况进行检查和维护,必要时更换右后制动轮缸并补充制动液。

学习目标

　　(1)能描述汽车制动液的作用及使用性能;
　　(2)能描述制动液的品种、牌号及鉴别方法;
　　(3)能掌握制动液的检查与更换;
　　(4)能够对制动系统进行排空气;
　　(5)会运用所学知识和经验,为客户提供汽车制动系统日常正确使用和维护的建议;
　　(6)具备信息查询和手册使用的基本能力;
　　(7)能够按照企业 5S 要求和安全生产规范进行操作;
　　(8)能与同学密切合作,规范安全的完成学习活动;
　　(9)养成自主学习的习惯,培养操作规范的工作作风及环保意识。
建议学时:4 学时。

知识准备

　　制动液具有吸湿性强的特点,会逐渐吸收空气中的水分,再加上活塞与主缸的摩擦会产生微小的颗粒,长时间使用之后,这些微小的颗粒也会聚集在一起形成大颗粒杂质,所以制动液应每隔 2 年或 5 万 km 进行定期更换。制动液具有腐蚀性,更换制动液时应注意防止将其粘到涂漆面、树脂件和一般橡胶件上。添加其他品牌的制动液,可能会与原车制动液产生化学反应,损坏密封件,直接影响制动安全性。

一、汽车制动液的作用及使用性能

1.汽车制动液的作用及特性

在轿车和轻型汽车上广泛采用液压制动系统。汽车制动液是汽车液压制动系统中所采用传递压力以制止车轮转动的工作介质,在液压制动系统中肩负着重要的作用。目前国内外车辆大多使用合成型车用制动液。合成制动液是用醚、醇等添加剂调制而成,有凝固点低、低温流动性好、黏温特性好、闪点高、不易老化、腐蚀性小等优点,因此,全国各地高速、大功率、重负荷、制动频繁的汽车均可使用。

2.汽车制动液的使用性能

汽车制动液的工作温度范围很宽。当气温低时制动液黏度会增大,低温流动性差。现代车的车速越来越高,汽车制动液的温度最高可达150℃以上,夏天汽车液压制动系统易产生气阻。而且,制动液遇潮吸水后会使沸点下降。

综上所述,汽车制动液应具有以下使用性能。

(1)高温抗气阻性。如果制动液沸点过低,在高温时就会蒸发成蒸气,使液压制动系统管路中产生气阻,导致制动失灵。为保证行车安全,要求制动液具有高沸点、低挥发性,夏天不易产生气阻。汽车制动液高温抗气阻性的评定指标是平衡回流沸点、湿平衡回流沸点和蒸发性。

(2)运动黏度。汽车制动液应在使用温度范围内有很好的流动性,使系统内压力能随制动踏板的动作迅速上升和下降,橡胶皮碗能在制动缸中顺利地滑动。故要求制动液在很宽的温度范围内保持适当的黏度。在制动液规格中都规定了 −40℃最大运动黏度和100℃等的最小运动黏度。

(3)制动液与橡胶配伍性。汽车液压制动系统有橡胶皮碗等橡胶件,要求制动液对橡胶件不会造成显著的溶胀、软化或硬化等不良影响。制动液与橡胶配伍性通过橡胶皮碗试验评定。

(4)制动液的金属腐蚀性。汽车液压制动系统的主缸、轮缸、活塞、复位弹簧、导管和阀等主要采用铸铁、铝、铜和钢等材料制成,要求制动液不引起金属腐蚀。另外,当制动液渗入橡胶中时,会从橡胶中抽出一部分组分,抽出物对金属的腐蚀作用也要限制。制动液的金属腐蚀性通过金属腐蚀试验评定。

(5)稳定性。制动液的稳定性包括高温稳定性和化学稳定性,即制动液在高温和与相容液体混合后平衡回流沸点的变化。制动液的稳定性通过稳定性试验评定。

二、制动液的品种、牌号及鉴别方法

1.制动液的品种、牌号

国际上汽车制动液普遍采用美国汽车工程师学会(SAE)的规格,包括 SAEJ1704(高温使用)、SAEJl703(正常使用)、SAEJ1702(严寒地区使用),或采用美国联邦机动车辆安全标准(MVSS)的规格,包括 No116DOT3、DOT4、DOT5 等。

我国 GB 10830—1989 将制动液分为 JG0、JGl、JG2、JG3、JG4 和 JG5 六级。1991 年实施 GB 12981—1991 将合成制动液分为 HZY2、HZY3、HZY4。

JG0 相当 SAEJl702，代表产品有 SH-2，于气温不低于 –20℃的环境下使用。

JGl 相当于 HZY2 和 SAEJl703，代表产品有 4603-1 型，适用于湿热及气温较高地区各型货车。

JG2 相当于 HZY3 和 Noll6DOT3，产品有 4604，适用于国产或进口轿车及气阻要求苛刻的各型载货汽车。

JG3 相当于 HZY4 和 Noll6DOT4，典型产品有 4606 制动液，适用于各种高级轿车。

2. 制动液的鉴别方法

机动车制动液质量的优劣，直接关系到汽车制动性能，也直接关系到车辆与人们生命财产的安全。随着我国汽车保有量的迅速增长，这一产品的重要性也越来越大。为了防止使用者误用假冒伪劣汽车制动液，这里介绍从标识和外观上鉴别制动液的方法。

（1）合格品标识上应有汽车制动液生产许可证编号、产品的企业名称、规格型号、详细地址、注册商标和联系电话等信息。

（2）凡是标明"醇型"或"矿物油型"的制动液均为不合格产品；凡是只标明某某汽车专用制动液，但未标明具体型号的产品应慎用。

（3）凡是标明平衡回流沸点低于 205℃的产品，均为不合格品。

（4）标识上没有中文字样的所谓"进口"产品应慎用，以免上当受骗。

（5）国家标准规定，制动液产品的外观应清亮透明，无悬浮物、尘埃和沉淀物质，凡是不符合该特征的均为不合格品。

（6）国家标准对制动液产品的气味虽无明确规定，但带有酒精气味的产品，其性能不可能达到国家标准，为不合格产品；没有任何气味的产品也不可能是合格产品。

操作指引

1. 组织方式

（1）场地设施：装有废气抽排系统和消防设施的场地。

（2）设备设施：一汽—大众迈腾轿车、举升机和压缩空气装置。

（3）工量具：制动液加注及排气装置 VAS5234 或 VAG1869、常用工具（一套）、防护五件套、翼子板布、前格栅布等。

（4）耗材：DOT4 制动液等。

2. 操作要点

（1）由于制动液具有腐蚀性，会造成皮肤损伤，有损伤车辆油漆和部件的风险，需要注意车辆和个人的防护。

（2）遵守场地安全规定，注意用电安全。

（3）正确使用制动液加注及排气装置等工量具。

（4）在对制动液加注及排气操作时，必须由经过培训的专业技术人员在通风良好的环境中进行。

（5）如有制动液溢出，用大量的水冲洗。

（6）对于配备有防抱死制动系统（ABS）的车型，必须使用专用设备将更换制动液时混入的空气排出才行，否则会降低制动效能。

任务实施

1.制动液的检查与更换

1）检查

制动液储液罐位于发动机罩内制动主缸上方，制动液储液罐表面刻有"MAX"和"MIN"的标记，应注意检查液面高度（图2-10）。正常工作时，液面应始终保持在"MAX"和"MIN"标记之间。由于汽车制动摩擦片磨损而引起制动液面略有下降是完全正常的。若短时间内出现制动液面显著下降或低于"MIN"标记，则可能是制动系统有渗漏故障，应立即检查，故障排除后方可使用。

2）更换

更换制动液时，应使用大众公司规定的制动液，型号为N052 760 XO。每隔两年应更换制动液一次，如果不到两年，但汽车行驶已超过5万km时，也应更换制动液。制动液有毒性和强腐蚀性，不可与车身油漆接触。制动液具有较强的吸湿性，即它能吸收周围空气中的水分，因此要将它要存放在密封的容器里。更换制动液的步骤如下。

（1）拧下制动液储液罐的密封盖。

（2）用制动液充放机VAS5234的吸油软管从制动液储液罐中吸取尽可能多的制动液（图2-11）。

图2-10　制动液储液罐液位
1-最高极限；2-最低极限

图2-11　排气装置VAS5234

（3）将转接头1拧紧在制动液储液罐上（图2-12）。把制动液充放机VAS5234的加注软管接到转接头1上，并在VAS5234上设置正确的压力0.2MPa。

（4）拔下左前制动钳排气阀的防尘罩1（图2-13）。

（5）将收集瓶的排气软管1插到左前排气阀上，打开排气阀，并排出相应量的制动液（图2-14）。

图 2-12　转接头 1

图 2-13　制动钳排气阀的防尘罩 1

（6）关闭排气阀，拔下收集瓶的排气软管。

（7）重新盖上左前制动钳排气阀的防尘罩。

（8）在汽车右前侧、左后侧和右后侧重复操作。

（9）各排气阀排放顺序和排出制动液的量见表 2-2。

（10）切换制动液充放机 VAS5234 充液杆位置，一直等到液压表上的压力下降为止。

（11）从充液杆接头上取下充液软管。

（12）拧下转接头，将制动液罐盖拧紧到制

图 2-14　收集瓶的排气软管 1

动液罐上。

排气阀排放顺序和排出制动液的量　　　　表 2-2

排气阀排放顺序		必须从排气阀中排出的制动液量（L）	排气阀排放顺序		必须从排气阀中排出的制动液量（L）
制动钳	左前	0.20	车轮制动缸/制动钳	左后	0.30
	右前	0.20		右后	0.30

2. 制动系统放气

1）使用制动液充放机 VAS5234 放气装置放气

接通 VAS5234 制动系统放气装置，按规定顺序打开放气螺塞，然后排出制动钳和车轮制动轮缸中的气体，用专用收集瓶盛放排出的制动液，操作步骤类似于制动液更换。

制动系统放气顺序如下：右后车轮制动轮缸→左后车轮制动轮缸→右前制动钳→左前制动钳。

2）不用制动液充放机 VAS5234 放气装置放气

（1）将一根软管一端接到放气螺塞上，一头插入排液瓶。

（2）一人用力迅速踩下并缓慢放松制动踏板，如此反复数次后，踩下制动踏板，并保持一高度使之不动。

（3）另外一人拧松放气螺塞，管路中空气随制动液顺着胶管排出制动系统，排出空气后

再将放气螺塞拧紧。

（4）重复上述步骤多次，直至容器中制动液里无气泡为止。

（5）观察储液罐制动液面高度，必要时添加制动液。

3. Mark 60 ABS 制动系统排空气

1）制动装置预排气

对制动钳预排气如图 2-15 所示，打开放液排气阀，用普通排气罐加注制动液，直到从排气阀流出的制动液无气泡为止，关闭制动液排气阀。

2）用制动液加注及排气装置 VAS 5234 对制动装置排气

（1）专用工具、检测仪器及辅助工具。

（2）制动液加注及排气装置 VAS 5234。

（3）操作方法：

①连接制动液加注及排气装置 VAS 5234。

②按规定顺序打开排气螺塞。排气顺序：左前制动钳→右前制动钳→左后制动轮缸/制动钳→右后制动轮缸/制动钳。

③在插上排气瓶软管时打开排气螺塞，直至排出的制动液无气泡为止。

④排气后应进行试车，此时必须进行 ABS 调节。

图 2-15　制动钳预排气操作
A-放液排气阀；B-螺纹孔

⑤如果制动液平衡罐空腔完全排空（如制动系统不密封），对制动装置预排气。排气顺序：同时对左前和右前制动钳排气→同时对左后和右后制动轮缸/制动钳排气。

⑥在插上排气瓶软管时打开排气螺塞，直至排出的制动液无气泡为止。

3）不用制动液加注及排气装置对制动装置排气

（1）通过踩动制动踏板，在制动系统中建立压力。

（2）在插上排气瓶软管时打开排气螺塞。

（3）在踩下制动踏板时关闭排气螺塞。

（4）重复该过程，直到排出的液体无气泡。排气顺序：左前制动钳→右前制动钳→左后制动轮缸/制动钳→右后制动轮缸/制动钳。

（5）如果制动液平衡罐空腔完全排空（如制动系统不密封），对制动装置预排气。排气顺序：同时对左前和右前制动钳排气→同时对左后和右后制动轮缸/制动钳排气。

4. 整理工位

收回翼子板布和前格栅布，关闭发动机罩；收回防护五件套，清洁车辆、清洁地面卫生，处理废弃物。

5. 废制动液的环保处理

废制动液放入收集桶中后，要抽出储存在专门的容器中，然后由经政府有关部门批准的回收者回收。

任务小结

（1）制动液具有吸湿性，即它能吸收周围空气中的水分，因此要将它要存放在密封的容器里。

（2）检查制动系统金属管路是否有变形、泄漏及锈蚀，必要时更换。检查制动软管的孔隙率和脆性，制动软管和制动管路的擦痕，制动软管接头和固定装置的位置是否正确，检查密封和锈蚀情况。注意不要扭转制动软管，制动软管在最大转向角时不要接触车辆部件。

（3）制动液液位总是要根据制动摩擦片磨损情况来判断。在行驶中制动摩擦片由于磨损和自调整会使制动液液位有所下降。当就要达到制动摩擦片磨损极限，而液位在最小标记时，无须添加制动液。如果制动摩擦片是新的或没有达到摩擦片磨损极限，那么制动液的液位必须位于最小和最大标记之间。如果液位降低到了最小标记之下，必须在添加制动液之前检查制动系统。检查制动液管路是否泄漏，检查制动液液面，必要时补充。

（4）制动液有毒性和强腐蚀性，不可与车身油漆接触。

（5）制动液随着时间的推移会吸收周围空气中的水分，而过高的含水量不仅会腐蚀制动系统，还会导致制动液沸点下降，影响制动效能。所以每两年或 5 万 km 需要更换一次制动液。

发动机是汽车的动力源,是汽车的"心脏",如果发动机发生故障,汽车会出现动力性明显下降、油耗增大等现象,严重的甚至产生抛锚、汽车爆炸等现象。因此对发动机的维护显得尤为重要。

点火线圈
凸轮机构
气门
活塞
曲柄连杆机构
曲轴
油底壳

电控燃油喷射发动机对混合气的要求非常严格。如果空气多、燃油少(混合气稀),就会造成发动机动力性差。如果空气少、燃油多(混合气浓),就会造成燃油的浪费和大气的污染。为了实现混合气浓度的高精度控制,就必须对进入汽缸的空气量进行精密的计算,所以进气系统相当重要。而随着涡轮增压以及缸内直喷等新技术的进一步应用,发动机的动力性和燃油经济性都得到了很大的提高。发动机系统的维护对于确保汽车正常运行,保证其各项性能指标处在最佳状态具有重要意义。

因此,需定期对发动机进行维护。

主要学习任务

① 空气滤清器的清洁与更换

② 电子节气门的清洗与基础设定

③ 火花塞的检查与更换

子任务1　空气滤清器的清洁与更换

任务描述

车主李先生反映,自己的汽车近期经常出现加速无力以及怠速不稳等症状,有时甚至不易起动。技术人员对汽车进行检查后,发现在发动机空气滤清器中有相对较多的灰尘和砂粒,空气滤清器已经基本堵塞,需要对空气滤清器进行清洁或者更换。

我脏了!快洗洗我啊!

发动机在工作过程中要吸进大量的空气,如果空气不经过滤清,空气中悬浮的尘埃被吸入汽缸中,就会加速活塞及汽缸的磨损。较大的颗粒进入活塞与汽缸之间,会影响发动机的正常工作,严重时甚至可能使发动机无法正常起动。空气滤清器安装在进气管的前方,起到滤除空气中灰尘、砂粒的作用,保证汽缸中进入足量的、清洁的空气。

因此,接下来需要对空气滤清器进行拆装清洁,必要时更换空气滤清器。

学习目标

(1)能够描述进气系统及空气滤清器的作用;

(2)能够叙述空气滤清器的类型及原理;

(3)掌握检查空气滤清器的方法和要领;

(4)能够独立地完成空气滤清器的清洗与更换;

(5)具备信息查询和手册使用的基本能力;

(6)能够按照企业5S要求和安全生产规范进行操作;

(7)能与同学密切合作,规范安全地完成学习活动;

(8)养成自主学习的习惯,培养操作规范的工作作风及环保意识。

建议学时:2 学时。

![知识准备]

一、进气系统及空气滤清器的作用

发动机进气系统的作用是为发动机可燃混合气的形成提供必需的空气量,同时对流入发动机汽缸的空气量进行直接(L型)或间接(D型)计量。进气系统主要由空气滤清器、空气流量传感器、节气门体、进气室、各种连接管和真空管等组成。此外还包括节气门位置传感器和用于发动机怠速控制的怠速控制装置。

空气经过空气滤清器、空气流量传感器(D型系统采用进气压力传感器)、节气门体、进气总管和进气歧管进入发动机各汽缸,如图3-1所示。

图3-1　进气系统

由图3-1可以看出,空气滤清器虽然不直接关系到汽车的技术性能,但在发动机进气系统中占据非常重要的地位,在汽车的实际使用中,空气滤清器却对发动机的使用寿命有极大的影响。空气要进入到汽缸中必须经过空气滤清器的过滤净化。一方面,如果没有空气滤清器的过滤作用,发动机就会吸入大量含有尘埃、颗粒的空气,导致发动机汽缸磨损严重;另一方面,如果在使用过程中长时间不进行维护,空气滤清器的滤芯就会粘满空气中的灰尘,这不但使过滤能力下降,而且还会妨碍空气的流通,导致混合气过浓而引起发动机工作不正常。

因此,定期维护空气滤清器是至关重要的。

二、空气滤清器的类型

空气滤清器一般由滤芯和壳体两部分组成。空气滤清器滤芯一般有纸质和油浴式两种。近年来,由于纸质滤清器具有滤清效率高、质量轻、成本低、维护方便等优点,已被广泛采用。纸质滤芯的滤清效率高达99.5%以上,油浴式滤清器的滤清效率在正常的情况下滤清效率为95%~96%。目前轿车上广泛使用的空气滤清器是纸质滤清器,其又分为干式和湿式两种。对干式滤芯来说,一旦浸入油液或水分,滤清阻力就会急剧增大,因此清洁时切忌接触水分或油液,否则必须更换新滤件。

在发动机运转时,进气是断续的,从而引起空气滤清器壳体内的空气振动,如果空气压力波动太大,有时会影响发动机的进气。此外,这时也将加大进气噪声。为了抑制进气噪声,可以加大空气滤清器壳体的容积,有的还在其中布置了隔板,以减小谐振。

干式滤芯材料多为滤纸或无纺布。为了增加空气通过面积,滤芯大都加工出许多细小的褶皱。当滤芯轻度污损时,可以使用压缩空气吹净,当滤芯污损严重时应当及时更换新芯。

湿式滤芯使用海绵状的聚氨酯类材料制造,装用时应滴加一些机油,用手揉匀,以便吸附空气中的异物。如果滤芯污损之后,可以用清洗油进行清洗,过分污损也应该更换新滤芯。

如果滤芯阻塞严重,将使进气阻力增加,发动机功率下降。同时由于空气阻力增加,也会增加吸进的汽油量,导致混合比过浓,从而使发动机运转状态变坏,增加燃料消耗,也容易产生积炭。平时应该养成经常检查空气滤清器滤芯的习惯。

三、空气滤清器的清洁与更换

通常建议汽车每行驶 5000km 左右清洁一次空气滤清器,每行驶 20000km 左右更换一次。如果经常在充满尘土的道路或地区行驶的车辆,比如沙漠,建筑工地等地,空气滤清器应当在不超过 10000km 更换一次。各个汽车生产厂家对空气滤清器的清洁与更换周期都有严格要求,比如东风标致品牌汽车要求在正常行驶条件下每 7500km 或者半年检查清洁一次空气滤清器、行驶 30000km 或者两年更换一次空气滤清器;在尘土较多的道路或地区行驶时每 5000km 检查清洁一次、每 15000km 更换一次空气滤清器。

空气滤清器的清洗更换步骤:在清洗汽车空气滤清器的时候应先松开滤清器锁扣,卸下固定滤芯的螺母,取下护盖后拔出滤芯。然后取出滤芯,要注意防止杂质掉入空气滤清器座或者进气管中。一般在空气滤清器下面会堆积大量的尘土,这些尘土会导致发动机动力下降。因此还需要对空气滤清器盒进行彻底清理,一般是用抹布或者压缩空气进行清洁,如图 3-2 所示。

观察拆下的空气滤清器的外观及干净程度,如图 3-3 所示。旧的滤清器的滤纸因为积聚了很多灰尘已经发黑。如果空气滤清器滤芯发黑较严重则需要更换滤芯。

图 3-2　清洁空气滤清器底座

图 3-3　新旧空气滤清器对比

如果不是很严重则可以采取清洁的方法,可以轻轻拍打滤芯端面。再用压缩空气沿空气进气的反方向吹净滤芯内外表面的灰尘,如图3-4所示,切勿用自来水进行冲洗。

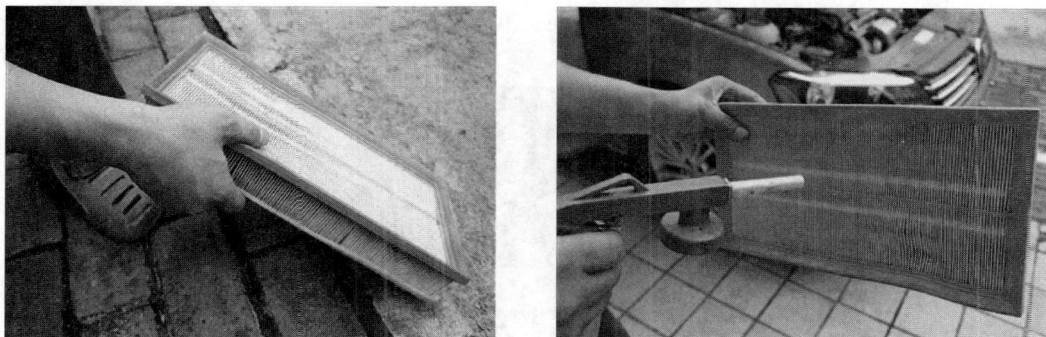

图3-4　清洁空气滤清器

如果发现空气滤清器堵塞比较严重,或者空气滤清器使用时间超过该车型的规定时间,则进行更换空气滤清器滤芯。更换滤芯时,应注意检查新滤芯有无损伤,垫圈是否有缺损情况,发现缺损,应予以配齐。

空气滤清器滤芯清洁或更换完毕后,按与拆卸相反的顺序,将各部件安装好。必须可靠地装好滤芯,不宜用手或器具接触滤芯的纸质部分,尤其不能让油类污染滤芯。

操作指引

1. 组织方式

(1)场地设施:装有空气压缩机、汽车尾气排放系统的场地。

(2)设备设施:一汽—大众迈腾2.0TSI轿车、空气压缩机等。

(3)工量具:气枪、常用工具(一套)、防护用品等。

(4)耗材:卡扣、空气滤清器等。

(5)维修手册:迈腾轿车维修手册。

2. 操作要点

(1)由于要观察汽车发动机运行情况,需要注意车辆和个人的防护。

(2)遵守场地安全规定,注意用电安全。

(3)正确使用空气压缩机、气枪、工量具等。

(4)在拆装空气滤清器时,需注意防止空气滤清器壳体卡扣的损坏。

(5)在清洁空气滤清器滤芯时,必须在通风良好的环境中进行,防止灰尘污染环境。

任务实施

以一汽—大众迈腾2.0TSI轿车为例进行任务实施。

1. 观察空气滤清器的安装位置

(1)打开一汽—大众迈腾轿车发动机发动机罩,观察并记录实训车辆的发动机型号、排量等信息。

（2）观察记录空气进气口和空气滤清器的位置，如图3-5所示。

一汽—大众迈腾2.0TSI轿车的进气口位于发动机罩内前照灯旁边的，开口向前并且水平。空气滤清器位于发动机的右侧，进气口和空气滤芯之间的进气管并没有明显的弯曲，有利于空气的进入。

图3-5　迈腾轿车空气进气口和空气滤清器的位置

2.拆卸空气滤清器

（1）拧出空气滤清器壳体上的8个螺栓，如图3-6箭头所示。

（2）拔下空气滤清器壳体与进气管连接的软管，请勿使用边缘锋利的工具来拔下软管，以免损坏管接头和真空软管。

（3）取下空气滤清器壳体上部件并取出空气滤清器滤芯，如图3-7所示。

图3-6　拆装步骤1

图3-7　拆装步骤2

3.观察并清洁空气滤清器

（1）观察空气滤清器滤芯的类型及结构并记录。

（2）清洁空气滤清器壳体下部件，用压缩空气吹净空气滤清器壳体中的杂物并用抹布擦干净。

（3）清洁空气滤清器，拿出空气滤清器观察其外观及干净程度，如果空气滤清器滤芯严重发黑则需要更换滤芯，更换时请注意废弃处理规定；如果不严重则用压缩空气沿空气进气的反方向吹净滤芯内外表面的灰尘，对空气滤清器进行清洁。

4.安装空气滤清器

（1）安装新的或者清洁过的空气滤清器滤芯，注意空气滤清器滤芯的安装方向。

（2）安装空气滤清器壳体上部件,以 2N·m 的力矩拧紧空气滤清器壳体上的 8 个螺栓,如图 3-6 箭头所示。

（3）清洁空气滤清器外壳体。

（4）恢复作业场地。

任务小结

空气滤清器对发动机的使用寿命有极大的影响。空气滤清器一般由滤芯和壳体两部分组成。通常建议汽车每行驶 30000km 更换一次空气滤清器滤芯。如果经常在充满尘土的道路或地区行驶的车辆,空气滤清器应当不超过 15000km 更换一次。

子任务 2　电子节气门的清洁与基础设定

任务描述

车主李先生反映,自己的迈腾轿车发动机怠速不稳,发动机运转过程中,尤其是急松加速踏板过程中,发动机抖动较大,有时会忽然熄火,并且组合仪表上的 EPC 灯点亮,如下图所示,遂来到 4S 店要求给予维修。经检测诊断,对该车的节气门进行清洗维修,对怠速控制系统进行检修。

迈腾轿车发动机状况良好情况下打开钥匙门后,车辆开始自检,EPC 指示灯会点亮数秒,随后熄灭。如车辆起动后仍不熄灭,说明车辆机械部件或者电子系统出现故障。一般来说 EPC 灯亮很多时候都是因为电子节气门脏了。电子节气门是目前汽车上使用最多的怠速控制装置,即节气门直动控制式,它是通过调节空气通道的流通面积来控制怠速的进气量。如果节气门存在积炭就会影响发动机进气量,尤其是怠速进气量。

因此,接下来需要对该车的电子节气门进行拆装清洗,并对其进行基础设定。

学习目标

（1）能够描述怠速控制系统的作用、分类及组成;

（2）能够描述电子节气门的组成及工作原理;

（3）能够描述电子节气门的检测方法;

（4）能够独立的完成对电子节气门的清洗与基础设定;

（5）具备信息查询和手册使用的基本能力;

（6）能够按照企业 5S 要求和安全生产规范进行操作；

（7）能与同学密切合作，规范安全地完成学习活动；

（8）养成自主学习的习惯，培养操作规范的工作作风及环保意识。

建议学时：4 学时。

📖 **知识准备**

一、怠速系统概述

1. 怠速系统的作用

怠速是指发动机在无负荷的情况下运转，只需克服自身内部机件的摩擦阻力，不对外输出功率。维持发动机稳定运转的最低转速被称为怠速转速，怠速是发动机的运行的基本工况之一。工作性能良好的发动机，其怠速转速一般为 550~800r/min。电控汽油喷射发动机在怠速工况时，节气门近乎全闭，空气通过节气门缝隙或者旁通气道进入发动机，由空气流量传感器（或进气歧管压力传感器）检测进气量，电控单元通过检测到的进气量进行控制喷油量，保证发动机的怠速运转。同时电控单元还根据发动机冷却液温度、空调压缩机是否工作、变速器是否挂入挡位等信号，对发动机的进气量与喷油量进行调整。怠速控制装置就是要在发动机内部阻力不断变化的情况下，由 ECU 自动维持发动机以稳定怠速运转，并实现快怠速暖机过程。

2. 怠速控制系统的组成及原理

怠速控制的实质是对怠速时充气量的控制。ECU 通过检测从各传感器的输入信号所决定的目标转速与发动机的实际转速进行比较，根据比较得出的差值，确定相当于目标转速的控制量，去驱动控制怠速充气量的执行机构，从而实现对怠速充气量的控制。

怠速控制采用的是反馈控制，因此为避免非怠速状态下实施怠速控制，还必须通过节气门全关信号及车速信号等来判断发动机是否正处于怠速状态，从而起动怠速控制。

与怠速控制有关的信号有：发动机转速、节气门位置、车速、冷却液温度、空挡起动开关、点火开关、空调开关和电器负载等。

3. 怠速控制系统的分类

怠速控制的实质是通过调节空气通道的流通面积来控制怠速的进气量。目前使用的怠速控制装置，按控制原理可分为节气门直动控制式和旁通空气控制式两类。

1）节气门直动控制式

节气门直动式通过执行元件改变节气门的最小开度来控制怠速进气量，如图 3-8 所示。这种控制形式的优点是结构简单、工作稳定性好。

2）旁通空气控制式

旁通空气控制式是通过改变旁通流通面积来控制怠速进气量，以达到怠速控制的目的，如图 3-9 所示。

旁通空气控制式怠速控制系统又分为两种类型，即机械控制方式的怠速空气阀（AAC）和电控的怠速控制阀（ISCV）。目前机械控制式的怠速空气阀基本已经被淘汰，本教材就不详细介绍。

图 3-8　节气门直动式怠速控制系统
1-节气门;2-操纵臂;3-怠速执行器

图 3-9　旁通空气控制式怠速控制系统
1-节气门;2-操纵臂;3-怠速执行器;4-空气旁通道

怠速控制阀能够在发动机 ECU 的控制下,根据发动机的实际工况来改变怠速时流入发动机的空气量。例如,发动机摩擦力矩变化或其他因素致使发动机怠速转速发生变化时,ECU 可根据接收到的转速信号控制怠速控制阀的开度,使转速维持恒定。怠速控制阀的怠速控制机构一般有三种结构,即旋转滑阀式怠速控制阀、步进电动机式怠速控制阀、电磁怠速控制阀,图 3-10 为步进电动机式怠速控制阀的基本结构。

图 3-10　步进电动机式怠速控制阀结构

不管是哪种类型,它们都属于怠速控制系统中的执行器,它们接收发动机 ECU 的指令工作,改变旁通空气的通道面积,进而控制怠速进气量,以达到怠速控制的目的。

二、电子节气门

1. 电子节气门的工作原理

为了提高汽车行驶的安全性、动力性、平稳性及经济性,并减少排放污染,世界各大汽车制造商推出了各种控制特性良好的电子节气门及其相应的电子控制系统,组成电子节气门控制系统。采用电子节气门控制系统,如图 3-11 所示,可以使节气门开度得到精确控制,不但可以提高燃油经济性,减少排放,同时,系统响应迅速,可获得满意的操控性能;目前汽车上已经广泛应用了电子节气门。

另一方面,对于怠速控制系统而言,由于电子节气门可以直接由电脑来控制节气门的开度,这与节气门直动式的怠速控制系统原理基本相同,因此带有电子节气门汽车的怠速控制系统一般采用的都是节气门直动式,也使节气门直动式的怠速控制系统得到广泛应用。

电子节气门系统原理如图 3-12 所示,由电动机带动节气门的开闭,同时,内部装有一个节气门开度传感器检测其开度。当直流电动机通电转动时,经减速齿轮机构减速增扭后,再由丝杠机构将其旋转运动转换为传动轴的直线运动。传动轴顶靠在节气门最小开度限制器上,发动机怠速运转时,ECU 根据各传感器的信号,控制电动机的正反转和转动量,以改变节气门最小开度限制器的位置,从而控制节气门的最小开度,实现对怠速进气量进行控制的目的。

图 3-11　电子节气门

图 3-12　电子节气门系统原理
1-节气门;2-电动机;3-节气门位置传感器;4-传动齿轮

2. 迈腾轿车发动机电子节气门

电子节气门除了有控制怠速进气量的作用外,还集成了节气门位置传感器,迈腾轿车发动机的电子节气门中有两个角度传感器 G187 和 G188,即节气门位置传感器,如图 3-13 所

图 3-13　迈腾轿车电子节气门结构

示,这两个传感器用于判定节气门当前的位置,并把这个信息传给发动机控制单元。这两个传感器采用的冗余设计,可以使两个传感器相互检测,在很大程度上增加了系统的可靠性,保证行车的安全性。这主要包括两种情况。

(1)发动机控制单元从某个角度传感器获得了不可靠信号或者根本就未收到信号:那么故障存储器会记录下一个故障,电子节气门故障灯会接通;对转矩有影响的子系统(如定速巡航或发动机转矩调节)被关闭;使用负荷信号校验另一个角度传感器;加速踏板反应正常。

(2)发动机控制单元从两个角度传感器获得了不可靠信号或者根本就未收到信号:那么这两个传感器在故障存储器会记录下一个故障,电子节气门故障灯会接通;节气门驱动器关闭;发动机只能以 1500r/min 的高怠速转速运行,对加速踏板的操作无反应。

三、电子节气门的维护

综上所述,电子节气门可以影响发动机怠速运行情况,如果损坏或者脏污,汽车发动机可能会出现怠速抖动加大甚至熄火等故障,因此,应定期检查并清洗电子节气门,以保证汽车的正常运行,目前,清洗电子节气门的操作已被很多汽车厂家列入汽车定期维护的必做项目,一般情况下,汽车每行驶 1.5 万 km 左右要进行节气门清洗。

清洗电子节气门需遵循一定的步骤,一般步骤如下。

（1）关闭点火开关,断开蓄电池,观察电子节气门安装位置,观察电子节气门插接器的类型、连接方式,用正确的方法断开插接器连线。

（2）用正确的工具拆下电子节气门连接管,如有必要拆下电子节气门周围附件,拆下节气门体。

（3）用专用的清洁剂喷洗电子节气门体主流道内的油泥和灰尘;打开电子节气门体内部阀片,清洗之前被阀片边缘遮挡而无法清洗到的部分;将阀片固定在最大开度,喷洗节气门轴附近的和阀体端面上的污物;在主流道的一些位置,由于污垢长时间堆积后会逐渐的硬化,使用专用清洁剂也很难将其完全清除,此时可以使用软布对其反复的擦拭去除,注意不可使用硬物进行刮除,硬物会对流道表面造成物理损伤,使怠速流量发生变化,图3-14为节气门清洗前后的对比图。

图3-14　电子节气门清洗前后对比图

（4）清洗电子节气门后需要用诊断仪对电子节气门做基本设定,以便进行电子节气门怠速学习,使发动机电脑记录电子节气门的初始位置,否则在装回电子节气门后发动机的转速可能会不准确,会影响到发动机的正常使用。电子节气门的基本设定有用手动操作和诊断仪操作两种方法,目前大多数发动机用专用诊断仪进行基本设定。

（5）清洗节气门过程中,如发现进气道油污过多,应拆下进气道进行进气道清洗。

操作指引

1. 组织方式

（1）场地设施:装有空气压缩机、汽车尾气排放系统的场地。

（2）设备设施:一汽—大众迈腾2.0TSI轿车、一汽—大众专用诊断仪。

（3）工量具:管路拆卸专用工具、常用工具(一套)、手套、防护用品等。

（4）耗材:节气门清洁剂、抹布、卡扣等。

（5）维修手册:迈腾轿车维修手册。

2. 操作要点

（1）由于要观察汽车发动机运行情况,需要注意车辆和个人的安全防护。

（2）遵守场地安全规定,注意用电安全。

（3）正确使用拆卸电子节气门的专用及通用工量具。

（4）在断开电子节气门插接器前，需首先关闭点火开关并断开蓄电池。

（5）拆装电子节气门插接器时，需观察其连接方式，注意防止插接器的损坏。

（6）在清洗电子节气门体时，必须在通风良好的环境中进行，防止油污、灰尘污染环境，并注意废物回收。

（7）清洗或者更换完后需要用诊断仪对电子节气门进行基础设定。

任务实施

以一汽—大众迈腾2.0TSI轿车为例进行任务实施。

1. 检查发动机怠速运行情况

（1）打开点火钥匙，不起动发动机，观察电子节气门自检情况。

（2）观察发动机怠速运行情况，判断发动机是否有怠速故障，并记录。

（3）用诊断仪读取车辆参数，观察电子节气门怠速开度。

2. 观察电子节气门的安装位置

（1）打开迈腾轿车发动机罩，观察并记录实训车辆的发动机型号、排量等信息。

（2）观察记录电子节气门及其插接器的位置，如图3-15所示。

图3-15　电子节气门位置图

迈腾2.0TSI轿车的电子节气门安装于进气管上，发动机前侧，发动机本体与散热器之间，电子节气门的插接器比较隐秘，拆装时需要特别注意。

3. 拆卸电子节气门

（1）如图3-16所示，松开螺纹卡箍2，旋出螺栓4，旋出螺栓1，拔下图3-16中箭头所示的插头，向下拆下增压空气软管和导管。

（2）如图3-17所示，断开电子节气门的插接器1，旋出图示箭头的4个螺栓，拆下电子节气门。

4. 清洁电子节气门

（1）用节气门清洁剂和一把干净的刷子仔细清洁节气门壳体，特别是当节气门关闭时的周围。

（2）然后用无毛纤维的抹布擦干节气门壳体。清洁空气滤清器壳体下部件，用压缩空气吹净空气滤清器壳体中的杂物并用抹布擦干净。

（3）等待至节气门上的清洁剂完全蒸发。

图 3-16　拆装步骤 1

1、4-螺栓;2-螺纹卡箍;3-卡箍

图 3-17　拆装步骤 2

1-插接器

5.安装电子节气门并进行基础设定

安装清洗过的电子节气门,注意需按照工艺完成。

6.进行基础设定并读取参数

(1)用诊断仪对电子节气门进行基础设定,即匹配发动机控制单元和电子节气门控制单元。

(2)用诊断仪对车辆进行参数测量,比较电子节气门清洗前后的数据,如图 3-18 所示。

图 3-18　数据测量

任务小结

(1)怠速控制的实质是对怠速时充气量的控制。ECU 通过检测从各传感器的输入信号所决定的目标转速与发动机的实际转速进行比较,根据比较得出的差值,确定相当于目标转速的控制量,去驱动控制怠速充气量的执行机构,从而实现对怠速充气量的控制。

(2)电子节气门的广泛使用使节气门开度得到精确控制,可以提高燃油经济性,减少排放。

(3)应定期检查并清洗电子节气门,以保证汽车的正常运行。

子任务3 火花塞的检查与更换

任务描述

　　车主李先生反映,自己的迈腾轿车最近起动困难,经常需要打火好几次才能起动,而且动力不足,油耗也比平时增加了很多,来到4S店要求给予维修。经检测诊断,发现该车的点火系统存在故障,需要更换火花塞,并对点火控制系统进行检修。

　　点火系统的作用是将低压电转变为高压电,并按照发动机的做功顺序和点火时刻的要求,产生电火花,点燃汽缸内的可燃混合气。而火花塞是将点火高压电引入汽缸燃烧室,并在其两个电极间产生电火花,点燃混合气的。由于其工作温度相当高,汽车运行中火花塞容易出现烧蚀或者积炭等问题,因此需要对火花塞进行定期的检查与更换,以保证发动机的正常点火。

　　因此,接下来需要对该车的火花塞进行检查与更换。

学习目标

　　(1)能够判断火花塞的类型及技术参数;

　　(2)能够描述火花塞的作用及工作原理;

　　(3)能够规范地检查火花塞并分析火花塞的好坏;

　　(4)能够按照要求规范地更换火花塞;

　　(5)会运用所学知识和经验,为客户提供延长火花塞使用寿命的使用方法和建议;

　　(6)具备信息查询和手册使用的基本能力;

　　(7)能够按照企业5S要求和安全生产规范进行操作;

　　(8)能与同学密切合作,规范安全地完成学习活动;

　　(9)养成自主学习的习惯,培养操作规范的工作作风及环保意识。

建议学时:4学时。

一、点火控制系统概述

点火系统的作用是将低压电转变为高压电,并按照发动机的做功顺序和点火时刻的要求,产生电火花,点燃汽缸内的可燃混合气。在汽车上应用的点火系统类型较多,通常按控制方式进行分类,主要有传统点火系统、电子点火系统和微机控制点火系统三种类型,而目前微机控制点火系统应用最为普遍。

在电控汽油喷射发动机中广泛采用微机控制点火系统,即通过 ECU 对点火系统进行控制。微机点火控制包括点火提前角的控制、通电时间控制和爆震控制三个方面,从而对点火提前角、爆震的控制更加精确,发动机的经济型、动力性更加优越并能减少空气污染。

微机控制点火系统主要由三部分组成:监测发动机运行状况的传感器、处理信号并发出指令的微处理器(ECU)、执行 ECU 指令的执行器。其结构如图 3-19 所示。

图 3-19　微机控制点火系统

微机控制点火系统不仅能根据发动机的转速来控制点火线圈初级电路的通电电流,而且还取消了真空式和机械离心式点火提前装置,由电控单元根据汽油机的运行工况调整和控制点火提前角,使发动机的动力性、经济性、排放等方面的性能达到最优。另外,微机控制点火系统通过爆震传感器对爆震进行反馈控制,使汽油机大部分运行工况都处于爆震的临界状态,使汽油机的动力性潜力得到了充分的发挥。

不管是哪种类型,点火系统产生高压电的零件是点火线圈,产生电火花点燃可燃混合气的零件是火花塞,它们都是点火系统发生故障较多的地方,下边重点分析由于火花塞引起的点火系统故障。

二、火花塞概述

火花塞将由点火线圈产生的点火高压电引入汽缸燃烧室,并在其两个电极间产生电火花,点燃混合气。

1. 火花塞的结构

火花塞一般安装在发动机汽缸盖上,位于发动机的侧面或顶部,传统点火系统的火花塞靠分缸线与分电器连接,现在汽车上的发动机基本上都改成了点火线圈与火花塞直接相连,火花塞的安装位置如图 3-20 所示。

火花塞由端子、壳体、绝缘体和电极构成。其中,壳体为金属结构,分为两部分,下部外表为螺纹,以便旋进发动机缸盖上的安装孔,上部为六角形,很像一个螺母,以便用套管安装或拆卸火花塞,如图 3-21 所示。

图 3-20　火花塞的位置　　　　　　图 3-21　火花塞的外部结构

火花塞的放电部分是中心电极和侧电极,它们之间用高氧化铝陶瓷绝缘体隔开。绝缘体内部的中心导电部分分为三段,上部是金属杆,金属杆的上部制有螺纹,其上拧有接线螺母;中间是膨胀系数与陶瓷绝缘体相差不大的导电玻璃,确保火花塞在各种温度下的密封性;下部是中心电极。陶瓷绝缘体的外面是钢制壳体,有两个铜制的内垫圈,起密封和导热作用。壳体的上部制成六方体,下部制有螺纹,壳体的下端为侧电极。螺纹的上端有密封垫圈,如图 3-22 所示。

其中,电极的材料对火花塞的影响很大,现在市场上常见的电极材质有铜、镍合金、铂、铱四种(铂和铱普遍称之为贵金属),金属导电性能从左到右依次增高(铜 < 镍合金 < 铂 < 铱),点火需要的电压从左到右依次降低(铜 > 镍合金 > 铂 > 铱),如图 3-23 所示,所以贵金属火花塞对于发动机的负荷更小,对于降低油耗有利;另外贵金属的使用寿命也更长,当然价格也是随着性能的增加而增加的。

2. 火花塞的热特性

火花塞的热特性是指火花塞的温度特性。由于混合气爆震时的瞬间温度可达 3000℃,火花塞下部的电极、绝缘体身处汽缸,环境温度很高,火花塞吸收的热量有一小部分被进气时的新鲜可燃混合气带走,大部分由壳体传给汽缸盖,还有一小部分由中心电极传出。火花塞裙部(裙部是指陶瓷绝缘体暴露在燃烧室内的部分)在工作中适当的温度范围为 450 ~ 950℃。火花塞的工作温度受发动机功率、转速、压缩比和结构的影响。

图 3-22　火花塞的内部结构

图 3-23　电极材料对火花塞性能影响

火花塞的热特性取决于火花塞裙部的长度，裙部长的火花塞，受热面积大，传热的路径长，散热困难，因而工作温度高，称为热型火花塞；裙部短的火花塞，受热面积小，传热路径短，散热容易，因而工作温度低，称为冷型火花塞；介于两者之间的称为"中型"火花塞。热型火花塞与冷型火花塞的区别如图 3-24 所示。

大功率、高压缩比、高转速发动机，由于燃烧时温度高，为使火花塞能与发动机工作特征相匹配，不至于产生炽热点火，应采用"冷型"火花塞。相反，功率小、转速和压缩比比较低的发动机，为了不至于形成积炭，应使用"热型"火花塞。

a)热型火花塞　　　　b)冷型火花塞

图 3-24　热型火花塞与冷型火花塞

火花塞的热特性通常用热值表示，用阿拉伯数字表示热值的高低，一般数值越大，表示火花塞越冷。我国以火花塞绝缘体裙部的长度来标定火花塞的热特性，用热值 3~9 来表示，见表 3-1。

火花塞的热特性与裙部长度、热值关系表　　　　　　表 3-1

裙部长度（mm）	15.5	13.5	11.5	9.5	7.5	5.5	3.5
热值	3	4	5	6	7	8	9
热特性	热　　　　　　　　　　　　　　　　　　　　　　→　冷						

3. 火花塞的型号

根据《火花塞产品型号编制方法》（ZB/T 37003—1989）的规定，火花塞型号由三部分组成：

（1）火花塞结构类型及主要形式尺寸，用汉语拼音字母表示。

（2）热值，用阿拉伯数字表示。

（3）火花塞派生产品结构特征、发火端特征、材料特性及特殊技术要求，用汉语拼音字母表示，如图 3-25 所示。

图 3-25　火花塞型号对比

比如 F5RTC 型火花塞，其中"F"为第一位表示螺纹规格为 M14×1.25，螺纹旋合长度为 19mm，壳体六角对边距离为 20.8mm；第二位的数字"5"代表其热值为 5，对照表 3-1，该火花塞的裙部长度为 11.5mm；"RTC"为型号的第三位，对照图 3-25 表示该火花塞为带电阻、镍铜复合电极、绝缘体突出型的火花塞。

三、火花塞的维护

可见,火花塞的性能关系到汽车发动机可燃混合气的正常燃烧,如果使用不当、不及时维护或者火花塞本身出现问题将会影响到发动机的燃油经济性和动力性,因此,必须进行定期的检查与维护。

1. 火花塞的更换周期

火花塞使用的材质对于它的更换周期有决定性影响,前面介绍过,目前市场上主流的火花塞有铜芯、镍合金芯、铂芯、铱芯,铜芯建议每隔 2 万~3 万 km 更换一次,镍合金芯的周期比铜芯稍长,在 4 万~6 万 km 更换即可,而铱芯和铂芯的火花塞金属特性比较稳定,抗氧化能力好,所以使用寿命会相对要长很多,铂芯建议每隔 8 万 km 更换一次;铱芯的建议每隔 10 万 km 更换一次,见表3-2。

不同材质火花塞的更换周期 表3-2

材 质	更 换 周 期	材 质	更 换 周 期
铜芯	2 万~3 万 km	铂芯	8 万 km 左右
镍合金芯	4 万~6 万 km	铱芯	10 万 km 或更长

2. 火花塞的故障

一般汽车厂家对火花塞的更换周期都有一定的里程数要求,一般在 2 万~10 万 km,超过里程之后,火花塞电极的磨损会加央,电极间隙会变大,点火也会变得不稳定,对于电压需求更高,轻者的表现是加速无力、点火失效、油耗增加等症状,严重的还可能出现电极断裂损伤发动机的情况。

所以建议按照规定的里程数要求来更换火花塞,另外在火花塞的其他部位也可能会出现问题,如图 3-26 所示。

分离型端子:磨损、松动

飞弧(端子-主体金属之间的跑电现象)

绝缘体:头部断裂 封压部断裂

主体金属:生锈、封压部沟槽断裂

密封圈:紧固不足 紧固过度

发火部:瓷器断裂 电极溶解、燃烧残渣物堆积

安装螺栓:螺栓断裂

火花塞熏黑、积油

图 3-26 火花塞常见故障

3. 火花塞的检查与调整

1) 火花塞外观检查

如果发现行驶一段时间后,汽车的动力性出现明显下降而油耗又有了明显的增加,甚至有时候会出现起动困难等症状,就好像教材任务导入中李先生的迈腾轿车一样,这时候很有可能就是发动机的火花塞出现故障了。检查火花塞的工作状态是否正常,最直接地就是将它们拆下来检查,如果发现火花塞两个电极以及绝缘体处呈淡黄色,则说明这支火花塞的工作状态是正常的;如果火花塞电极上有明显的积炭或者黑色的附着物,这就说明火花塞出现故障了,这可能是由于"发动机烧机油"或"发动机可燃混合气过浓"等原因造成的。如图3-27所示。如果积炭不是很多,可用清洗剂进行清洗再使用,如果积炭太多在需要更换新的火花塞以保证其正常使用。

图 3-27　好坏火花塞对比

2) 火花塞间隙检查与调整

火花塞中央电极与侧电极之间的间隙,称为火花塞间隙,通常为 0.60 ~ 1.00mm。若间隙过大,因跳火电压增高,使点火线圈处在过负荷状态下工作,发动机在高速时容易出现断火,运转不稳。若间隙过小,跳火弱小,也不能很快地点燃混合气,使发动机功率下降。

拆下火花塞如果外观正常,需要用塞尺检查一下火花塞两个电极之间的间隙,如图3-28所示。

若火花塞间隙过大,可压下侧面电极;若间隙过小,可撬起侧面电极加以调整。但绝不可撬动和敲击中央电极,以免损坏绝缘体,最后用火花塞间隙规进行调整。

3) 火花塞绝缘电阻测量

用万用表测量火花塞的绝缘电阻. 其标准电阻应大于 $10\text{M}\Omega$。如果仍不符合要求,则更换火花塞,如图3-29所示。火花塞的检查应以维修手册的要求为准。

图 3-28　火花塞间隙检查

图 3-29　绝缘电阻测量

操作指引

1. 组织方式

（1）场地设施：装有空气压缩机、汽车尾气排放系统的场地。

（2）设备设施：一汽—大众迈腾2.0TSI轿车、火花塞清洗器、点火线圈拉拔器、一汽—大众专用诊断仪、火花塞扳手、汽车防护用品。

（3）工量具：万用表、塞尺、扭力扳手、加长杆等常用工具、手套、防护用品等。

（4）耗材：清洗剂、润滑脂、新火花塞一套、抹布等。

（5）维修手册：迈腾轿车维修手册。

2. 操作要点

（1）由于要观察汽车发动机运行情况，需要注意车辆和个人的安全防护。

（2）遵守场地安全规定，注意用电安全。

（3）正确使用拆卸火花塞的专用及通用工量具。

（4）在断开点火线圈组件插接器前，需首先关闭点火开关并断开蓄电池。

（5）拆装点火线圈插接器时，需观察其连接方式注意防止插接器的损坏。

（6）安装时需要在相应的地方涂抹润滑脂，并安装到位。

（7）注意废物回收。

任务实施

以一汽—大众迈腾2.0TSI轿车为例进行任务实施。

1. 检查发动机正常起动情况

（1）打开点火钥匙，起动发动机。观察发动机是否存在起动困难，并记录。

（2）试车，观察该车加速踏板是否沉重，在组合仪表上观察其油耗情况，并记录（图3-30）。

图 3-30　油耗显示

2. 寻找火花塞的安装位置

（1）打开迈腾轿车发动孔罩，观察并记录实训车辆的发动机型号、排量等信息。

（2）观察发动机点火系统的类型，寻找点火线圈及火花塞等零件。

53

迈腾轿车的点火线圈安装发动机缸体顶端,发动机罩下,需要拆开发动机罩才能看见,火花塞更是需要拆下点火线圈才能看见(图3-31)。

图3-31　点火线圈、火花塞位置

3. 拆卸火花塞

(1)拆卸发动机罩,注意观察带功率输出级的点火线圈的安装位置,如图3-32中的"1",火花塞在点火线圈下面。

(2)如图3-33a)所示,使用专用工具拉拔器T40039将所有的点火线圈从汽缸头拉出大约30mm。为了拔出火花塞,请先将拉拔器T40039放在带功率输出级的点火线圈上,图3-33b)中箭头所指的那片厚边上,如果使用下面的唇边,则可能会损坏。

图3-32　拆装步骤1

a)安装拉拔器　　　　　　　　　b)拔下电火线圈

图3-33　拆装步骤2

(3)拔下插接器,将插头朝带功率输出级的点火线圈的方向按压(图3-34中箭头所指),用手按到锁紧装置上,然后拔出,如图3-34所示。

(4)拆卸火花塞,使用火花塞扳手3122B将火花塞拧出,如图3-35所示。

4.检查火花塞

（1）观察火花塞的类型及结构并记录。

（2）检查火花塞电极情况并记录。

（3）用塞尺测量火花塞的电极间隙与标准值进行对比，并记录。

（4）判断火花塞是需要维修还是更换。

图 3-34　拆装步骤 3

图 3-35　拆装步骤 4

5.安装火花塞

（1）安装新的或者维修过的火花塞，使用火花塞扳手 3122B 将火花塞拧入，如图 3-17 所示，注意力矩要求为 25N·m。

（2）在点火线圈密封软管周围涂上一层薄薄的火花塞插头润滑脂，润滑脂的厚度必须为 1~2mm，如图 3-36 所示。

（3）将带有功率输出级的点火线圈放入汽缸盖。将带功率输出级的点火线圈对准汽缸盖罩规定的凹槽。将所有的插头放在点火线圈上（图 3-37 中箭头所指），安装到位。将带功率输出级的点火线圈用手插到火花塞上，必须感觉到其卡止。

（4）安装发动机罩。

图 3-36　涂抹润滑脂地方

图 3-37　拆装步骤 6

任务小结

（1）点火系统的作用是将低压电转变为高压电，并按照发动机的做功顺序和点火时刻的要求，产生电火花，点燃汽缸内的可燃混合气。火花塞将由点火线圈产生的点火高压电引入汽缸燃烧室，并在其两个电极间产生电火花，点燃混合气。

（2）火花塞的类型对于它的使用周期有影响，而火花塞的性能好坏对汽车的动力性、燃油经济性都有着重要的影响，应根据火花塞的类型，定期对其进行检查与调整，必要时甚至更换。

（3）汽车在使用过程中，应该按照厂商规定的更换周期对火花塞进行定期更换，确保汽车始终处于较好的技术状况。

学习任务四 汽车底盘维护

任务概述

汽车底盘由传动系统、行驶系统、转向系统和制动系统四部分组成。底盘作用是支撑、安装汽车发动机及其各部件、总成,成形汽车的整体造型,并接受发动机的动力,使汽车产生运动,保证正常行驶。

在汽车行驶过程中,必然会出现底盘受损的情况,这主要是由于汽车在行驶过程中,难免要"跋山涉水",难免要受到地面砂石的冲击,而底盘又是最为接近地面的重要结构,这就决定了汽车底盘的存在环境非常恶劣,再加上汽车底盘的材质大部分为镀锌钢板,底盘又无法长期保持干燥状态,许多具有侵蚀性的物质通常会吸附于底盘之上,而汽车在行驶过程中,底盘就难免会被利器所伤,最终导致底盘生锈、受腐蚀和脱落,降低汽车底盘的使用寿命,甚至会影响到其他部件的正常运转,带来一些其他故障,包括油箱漏油、大梁穿孔或控制板进水等,提高汽车行驶风险,降低汽车的使用寿命,因此,汽车的日常维护,特别是底盘的维护就显得尤为重要。

主要学习任务

1. 制动器的检查与维护

2. 车轮的检查与维护

3. 底盘检查

子任务1 制动器的检查与维护

任务描述

车主反映,汽车制动时有异常噪声,且制动距离明显较长。技术人员对汽车进行检查后,发现制动盘和制动器摩擦片均有较大磨损,初步怀疑是制动器的问题。

因此,接下来需要对制动器的技术状况进行检查和维护,必要时更换制动片。

学习目标

(1)能判断制动器的类型、结构、功用和技术参数;

(2)能检查盘式制动器的技术状况;

(3)能够更换盘式制动器制动块;

(4)能够对盘式制动器进行维护;

(5)会运用所学知识和经验,为客户提供汽车制动器日常正确使用和维护的建议;

(6)具备信息查询和手册使用的基本能力;

(7)能够按照企业5S要求和安全生产规范进行操作;

(8)能与同学密切合作,规范安全地完成学习活动;

(9)养成自主学习的习惯,培养操作规范的工作作风及环保意识。

建议学时:4学时。

知识准备

一、制动系统的原理

为了保证驾驶人在行车过程中根据路况和复杂的交通状况对车辆实施有效的减速、甚至紧急停车控制,以及使已停驶的车辆原地保持不动,汽车上必须装设一系列专门装置,以便驾驶人对汽车实施不同程度的强制制动,这种装置称为汽车制动系统。

制动系原理可通过图 4-1 所示的简单液压制动系统示意图进行分析。

图 4-1　制动系统原理分析

1-制动踏板;2-推杆;3-制动主缸活塞;4-液压主缸;5-管道;6-制动轮缸;7-制动轮缸活塞;8-制动蹄复位弹簧;9-制动蹄;10-制动鼓;11-制动摩擦片;12-制动底板;13-支撑销

一个以内圆面为工作表面的金属的制动鼓 10 固定在车轮轮毂上,随车轮一同旋转,制动底板 12 固定在车桥上,其上有两个支撑销 13,支撑着两个弧型制动蹄 9 的下端,制动蹄的外圆面上装有摩擦片 11,制动底板上还装有液压制动轮缸 6,用油管 5 与装在车架上的液压制动主缸 4 相连通,主缸中的活塞 7 可由驾驶人通过制动踏板 1 来操纵。制动系统不工作时,制动鼓的内圆面与制动蹄摩擦片的外圆面之间保持有一定的间隙,使车轮和制动鼓可以自由旋转。

为了使行驶中的汽车减速,驾驶人踏下制动踏板 1,通过推杆 2 和主缸活塞 7,使主缸内的油液在一定压力下流入轮缸 6,并通过两个轮缸活塞 7 推动两制动蹄绕支撑销转动,使摩擦片压紧在制动鼓的内圆面上。这样不旋转的制动蹄就对旋转的制动鼓作用一个摩擦力矩 M_0,其方向与车轮旋转方向相反,制动鼓将该力矩 M_0 传给车轮后,由于车轮与路面间有附着作用,车轮对路面作用一个向前的圆周力 F_0,同时路面也对车轮作用着一个向后的反作用力即制动力 F_b。制动力由车轮经车桥和悬架传给车架及车身,迫使整个汽车产生一个减速度。制动力越大,则汽车减速度越大。当放开制动踏板时,液压消失,复位弹簧 8 将制动蹄拉回原位,摩擦力矩 M_0 和制动力 F_b 消失,制动作用随着终止。这种用以使行驶中的汽车减速甚至停车的制动系统称为行车制动系统,是行驶过程中经常使用的。

制动力矩和制动力的大小可以在驾驶人的控制下,在一定范围内逐渐变化的制动称为渐进制动。

二、制动系统的组成

任何制动系统都具有以下 4 个组成部分。

(1)供能装置:包括供给、调节制动所需能量以及改善传能介质状态的各种部件。其中产生制动能量的部分称为制动能源。人的肌体也可作为制动能源,踏下制动踏板,人的脚做了功,这是制动的能源。

(2)控制装置:包括产生制动动作和控制制动效果的各种部件,制动踏板机构即为最简单的一种控制装置,随着制动踏板受力的大小,可产生不同的制动效果。

(3)传动装置:包括产生制动能量传输到制动器的各个部位。

(4)制动器装置:产生阻碍车辆运动或运输趋势的力(制动力)的部件,其中包括辅助制动系统中缓速装置。

较为完善的制动系统还具有制动力调节装置、报警装置、压力保护装置等附加装置。

三、制动系统分类

1.按制动系统的功用分类

(1)行车制动系统:使行驶中的汽车减低速度甚至停车的一套专门装置。

(2)驻车制动系统:使已停驶的汽车驻留原地不动的一套装置。

(3)第二制动系统:在行车制动系统失效的情况下保证汽车仍能实现减速或停车的一套装置。

(4)辅助制动系统:在汽车下长坡时用以稳定车速的一套装置。

2.按制动系统的制动能源分类

(1)人力制动系统:以驾驶人的肌体作为唯一制动能源的制动系统。

(2)动力制动系统:完全依靠发动机动力转化成的气压或液压进行制动的制动系统。

(3)伺服制动系统:兼用人力和发动机动力进行制动的制动系统。

按照制动能量的传输方式,制动系统又可分为机械式、液压式、气压式和电磁式等。同时采用两种传能方式的制动系统可称为组合式制动系统,如气顶液制动系统。

四、车轮制动器

车轮制动器的作用是产生阻碍车辆的运动或制动力。汽车上常用的制动器都是利用固定元件与旋转元件工作表面的摩擦而产生制动力矩,称为摩擦制动器。它有鼓式制动器和盘式制动器两种结构形式。

1.鼓式制动器

鼓式制动器的特点是:旋转件为制动鼓,其与车轮一起固定在绕车轴旋转的轮毂上;固定件为制动蹄,其上有以不同形式安装的摩擦片。

2.盘式制动器

盘式制动器的工作原理如图4-2所示。盘式制动器主要由制动盘、制动轮缸、制动钳、油管等组成。制动盘用合金钢制造并固定在车轮上,随车轮转动。轮缸固定在制动器的底板上固定不动,制动钳上的两个摩擦块分别装在制动盘的两侧,轮缸的活塞受油管输送来的液压作用,推动摩擦块压向制动盘发生摩擦制动,动作起来就好像用钳子钳住旋转中的盘子,迫使它停下来。

图 4-2　盘式制动器的工作原理

操作指引

1. 组织方式

(1)场地设施:装有举升系统和消防设施的场地。

(2)设备设施:一汽—大众迈腾轿车。

(3)工量具:游标卡尺、常用工具(一套)、专用工具、防护用品等。

(4)耗材:制动块等。

(5)维修资料等。

2. 操作要点

(1)由于需要举升车辆,需要注意车辆和个人的防护。

(2)遵守场地安全规定,注意用电安全。

(3)正确使用游标卡尺等工量具。

(4)正确拆解和安装制动器。

任务实施

1. 维修前轮制动器

前轮制动器的组成如图 4-3 所示。需要使用制动液加注及排气装置(VAS 5234)或者吸气装置(V. A. G 1869/4)吸出制动液储液罐中的制动液。拆下制动钳或者分开制动软管之前,要安装制动踏板加载装置(V. A. G 1869/2)。

更换制动摩擦块后要在静止状态下多次将制动踏板用力踩到底,以便使制动摩擦块进入工作状态。

内部通风制动盘的直径为 312mm,厚度为 25mm,磨损极限为 22mm。原则上在同一车轴上的制动盘一起更换。制动摩擦块的厚度为 14mm(不包括移动板),带磨损显示的制动摩擦块出现相应的磨损时(极限:不包括移动板约 4mm)组合仪表中的指示灯亮起。

图 4-3　前轮制动器的组成

1-盖板;2-星形螺栓(12N·m);3-制动盘;4-星形螺栓(4N·m);5-制动器支架;6-止动弹簧;7-带筋螺栓(7N·m);8-制动摩擦块;9-制动钳;10-导向螺栓(30N·m);11-盖罩;12-制动软管;13-螺栓;14-支架;15-固定夹

1)拆卸步骤

拆卸和安装制动摩擦块所需要的专用工具和维修设备为扭力扳手(V. A. G 1331)和活塞复位装置(T10145),如图4-4所示。

图 4-4　专用工具

拆卸时请在其他正在使用的制动摩擦块上做好标记。在相同的部位重新安装,否则制动效果可能不均匀!

(1)拆下车轮。

(2)用螺丝刀将制动摩擦块的止动弹簧从制动钳(箭头)中撬出并取下(图4-5)。

(3)脱开制动摩擦片磨损显示的插头连接(图4-6)。

(4)拆下盖罩(图4-7 箭头所示)。

(5)松开两个导向螺栓(图4-8 箭头所示)并从制动钳上取出。

(6)取下制动钳并用钢丝固定,以便防止制动钳的质量使制动软管承重过度或损坏。

(7)将制动摩擦块从制动钳中取出或从制动器支架上取下。

图 4-5 取下止动弹簧

图 4-6 脱开插头

图 4-7 拆下盖罩

图 4-8 松开导向螺栓

2）安装步骤

在用活塞复位装置将活塞压入汽缸前,必须从制动液储液罐内吸出制动液。否则,如果在此期间添加制动液,制动液会溢出并造成损坏。

（1）复位活塞（图 4-9）。

（2）将外侧制动摩擦块安装在制动器支架上。

（3）将带有止动弹簧的内部制动摩擦块装入制动钳（活塞）中。

（4）用两个导向螺栓将制动钳拧在制动器支架上（图 4-10）。

图 4-9 复位活塞

图 4-10 安装导向螺栓

（5）装上两个盖罩。

（6）将止动弹簧装入制动钳里。

（7）连接制动摩擦块磨损显示的插头。

（8）安装车轮。

提示：每次更换制动摩擦块后要在静止状态下多次将制动踏板用力踩到底，以便使制动摩擦块进入其运行状态相对应的位置。更换制动摩擦块后检查制动液液位。

2. 维修后轮制动器

后车轮制动器结构如图 4-11 所示，需要使用制动液加注及排气装置（VAS 5234）或者吸气装置（V. A. G 1869/4）吸出制动液储液罐中的制动液。

图 4-11　后轮制动器的组成

1-盖板；2-制动盘；3-内星形螺栓(4N·m)；4-内梅花螺栓；5-制动器支架；6-固定片；7-制动摩擦块；8-制动摩擦块；9-固定片；10-制动钳；11-六角螺栓；12-支架；13-制动管路；14-固定夹；15-密封环；16-驻车电动机；17-内星形螺栓；18-制动软管；19-螺栓

拆下制动钳或者分开制动软管之前，要安装制动踏板加载装置（V. A. G 1869/2）。

制动盘的主要数据：16 英寸直径为 286mm，厚度为 12mm，磨损极限为 10mm；17 英寸直径为 310mm，厚度为 22mm，磨损极限为 20mm。制动盘出现磨损时同一车轴上一同更换。

制动摩擦块的厚度为 11mm（不包括移动板），磨损极限为 2mm（不包括移动板）。

所需要的专用工具和维修设备有车辆诊断、测量和信息系统（VAS 5051）和诊断导线（VAS 5051/1）或（VAS 5051/3）（图 4-12），扭力扳手（V. A. G 1331）（图 4-13），活塞复位装置（T10145）（图 4-14）。

VAS 5051

图 4-12　车轮诊断设备

V.A.G 1331

图 4-13　扭力扳手

T10145

图 4-14　活塞复位装置

1)拆卸步骤

拆卸时请在其他要使用的制动摩擦块上做好标记,在相同的部位重新安装,否则制动效果可能不均匀!

提示:不得断开驻车电动机的插头连接,不要运行驻车电动机。

(1)拆下车轮。驻车制动器的活塞必须用 VAS 5051 复位。在活塞复位之前必须将制动液从制动液储液罐中吸出。否则,如果在此期间添加制动液,制动液会溢出并造成损失。

(2)连接 VAS 5051 并选择功能,此时请选择电子机械式驻车制动和功能"前移和复位活塞驻车电动机"。

(3)用 VAS 5051 使活塞返回。

(4)接着拧下制动钳的紧固螺栓,同时用导向螺栓支撑(图 4-15)。

(5)从制动器支架上取下制动钳。

提示:虽然使用 VAS 5051 常无法完全复位活塞,但是必须如此操作!活塞中的压紧螺母较为滑顺,因此活塞只能被推出,不能回拉。只能将带有压紧螺母的螺杆拉回。

必须预先用 VAS 5051 拉回活塞。

(6)用活塞复位装置 T10145 完全压回制动活塞(图 4-16)。

图 4-15　拧下紧固螺栓

图 4-16　压回制动活塞

(7)用钢丝固定制动钳,以便防止制动钳的质量使制动软管承重过度或损坏。

(8)拆下制动摩擦块和摩擦块固定片(图 4-17 箭头所指)。

（9）彻底清洁制动器支架上制动摩擦块的支撑面,清除锈蚀。

（10）清洁制动钳,只能用酒精清洁制动钳。

2）安装步骤

（1）将摩擦块固定片和制动摩擦块装入制动器支架内。

（2）注意制动摩擦块应安装在固定板内（图4-18箭头所指）。

图4-17　拆下固定片

图4-18　制动片安装位置

（3）用新的自锁式螺栓固定制动钳。

维修套件中包括四个必须安装的自锁式六角螺栓。在用VAS 5051推出活塞后,必须对制动装置再进行一次基本设置。

（4）用VAS 5051对制动装置进行基本设置。

（5）安装车轮。

任务小结

（1）任何制动系统都具有4个组成部分:供能装置、控制装置、传动装置和制动器装置。

（2）每次更换制动摩擦块后要在静止状态下多次将制动踏板用力踩到底,以便制动摩擦块进入与其运行状态相对应的位置。

（3）更换制动摩擦块后检查制动液液位。

（4）驻车制动器的活塞必须用专用设备VAS 5051复位。在活塞复位之前必须将制动液从制动液储液罐中吸出,否则,如果在此期间添加制动液,制动液会溢出并造成损失。

子任务 2　车轮的检查与维护

任务描述

某大众汽车维修站接收一辆大众迈腾轿车,高速行驶时前轮振动且轮胎偏磨严重,需要更换轮胎并进行轮胎动平衡试验。

学习目标

（1）能判断轮胎的类型、结构和技术参数；

（2）能够识别轮胎的标识；

（3）能够更换轮胎；

（4）能够对轮胎进行维护；

（5）会运用所学知识和经验，为客户提供汽车车轮日常正确使用和维护的建议；

（6）具备信息查询和手册使用的基本能力；

（7）能够按照企业 5S 要求和安全生产规范进行操作；

（8）能与同学密切合作，规范安全地完成学习活动；

（9）养成自主学习的习惯，培养操作规范的工作作风及环保意识。

建议学时：4 学时。

知识准备

一、车轮的结构和类型

1. 车轮的作用

车轮是介于轮胎和车轴之间承受负荷的旋转组件，是汽车行驶中的重要部件，其功用主要是：支撑整车，缓和由于路面不平引起的冲击力；接受和传递制动力和驱动力；轮胎具有抵抗侧滑和自动回正的能力；使汽车正常转向，保持汽车直线行驶。

2. 车轮的结构

车轮主要由轮辋、轮辐和轮毂组成。轮辋是车轮中固定安装轮胎的部件。轮毂是连接车轮和车轴的、负责轮胎和车轴之间承受负荷的旋转组件。轮辐是支撑轮辋和轮毂的部分。

如图 4-19 所示，轮辋及轮辐（小型客车上两者为统一部件）是安装轮胎的骨架，也是通过轮毂将轮胎与车轴连接起来的旋转部件。轮辋及轮辐通过螺纹连接件装在轮毂上。

3. 车轮的类型车轮

（1）按轮辐的构造，车轮可分为辐板式（图 4-20）和辐条式（图 4-21）两种。辐条式车轮的特点是以钢丝辐条或铸造辐条为轮辐。

现代汽车的轮辐多种多样，与汽车造型融为一体，对整车起到了很好的装饰作用。采用少辐板的轮辐，也有利于制动器的散热，图 4-22 所示奔驰汽车的五辐轮辐车轮。

（2）按车轴一端安装的轮胎数目，车轮可分为单式车轮和双式车轮。

二、轮胎的结构和类型

1. 轮胎的结构

轮胎是汽车与道路之间力的支撑件和传递件。轮胎的性能直接影响着汽车行驶的安全性、操纵稳定性、动力性、经济性及舒适性等，与其结构、材料、气压、花纹等因素有关。

汽车上常用的轮胎是充气轮胎,它分为有内胎和无内胎两种。有内胎的充气轮胎的结构包括外胎、内胎和垫带(图4-23)。

图 4-19　车轮的组成
1-轮辐与轮毂;2-螺栓;3-衬块;4-轮辋

图 4-20　辐板式车轮和轮胎

图 4-21　辐条式车轮

图 4-22　五辐轮辐

图 4-23　充气轮胎的组成
1、6-垫带;2、5-内胎;3、4-外胎

轮胎各部分的名称如图4-24所示。

1）轮胎表面的橡胶层

轮胎与地面接触的部分称为胎冠,轮胎胎冠用耐磨橡胶制成,它直接与路面接触,承受全部载荷,减少冲击载荷,保护帘布层免受损伤。

2）胎体帘布层

胎体帘布层,如图4-25所示。

图4-24　轮胎各部分的名称

a)普通斜交轮胎　　b)子午线轮胎

图4-25　胎体帘布层
1-缓冲层;2、3-帘布层;4-带束层

纤维帘线和钢丝帘线用橡胶模压制成,能承受负荷和气压。子午线轮胎的帘线是径向排列,斜交轮胎的帘线相邻两层交叉成一角度排列。

3）带束层或缓冲层

胎冠与帘布层间的过渡层,对于子午线轮胎称带束层,对于斜交轮胎称缓冲层。汽车行驶时,子午线轮胎变形小、失圆度小,因此有减轻磨损、减小行车阻力、明显节油、减振、附着性能好等优势,但子午线轮胎对胎压要求较精确,使用中要定期检查。

4）内胎

通过气门芯向内胎充气后使轮胎成为有良好缓冲性能,并能承受一定负荷的弹性体。充气轮胎按组成结构不同,又分为有内胎轮胎和无内胎轮胎两种。

无内胎轮胎成为绝大多数轿车的首选。它具有行驶时温度低,适于高速行驶,寿命长、结构简单等优点。轮胎被刺穿时,由于其内壁有一层有自封性能的橡胶气密层,气压不会迅速下降。由于无内胎轮胎是依靠其轮圈上的橡胶密封层在气压作用下紧贴轮辐保持密封,如图4-26所示,为了防止轮圈受损,无内胎轮胎铝合金轮辋拆卸时必须使用轮胎拆装机。无内胎轮胎的气压应符合标准,这是延长使用寿命的关键。因此,要经常查气、补气。

有内胎和无内胎充气轮胎的结构区别如图4-27所示。

图 4-26　无内胎轮胎

2. 轮胎的类型

汽车轮胎按胎体结构不同可分为充气轮胎和实心轮胎,现代汽车绝大多数采用充气轮胎。充气轮胎按胎体中帘线排列的方向不同,还可分为普通斜交轮胎和子午线轮胎。

1) 普通斜交轮胎

如图 4-28 所示,帘布层和缓冲层各相邻层帘线交叉,且与胎中心线呈小于 90° 角排列的充气轮胎称为普通斜交轮胎。

帘布层是外胎的骨架,用以保持外胎的形状和尺寸,通常由成双数的多层帘布用橡胶贴合而成。帘布的帘线与轮胎子午断面的交角(胎冠角)一般为 52° ~ 54°,相邻层帘线相交排列。帘布层数越多,强度越大,但弹性降低,一般在外胎表面上注有帘布层数。

图 4-27　有内胎、无内胎轮胎结构比较
1-轮辋打气阀;2-打气阀;3-内胎;4、5-外胎面;
6-胎面;7-密封层

图 4-28　普通斜交轮胎

斜交轮胎的优点是轮胎噪声小,外胎面柔软、制造容易,价格也较子午线轮胎便宜;缺点是转向行驶时,接地面积小,胎冠滑移大,抗侧向力能力差,高速行驶时稳定性差,滚动阻力较大,油耗偏高,承载能力也不如子午线轮胎。

2) 子午线轮胎

子午线轮胎的帘布层帘线排列的方向与轮胎的子午断面一致,所以被称为子午线轮胎(图 4-29)。这种排列方式使帘线的强度能得到充分利用,子午线轮胎的帘布层数一般比普

通斜交轮胎可减少40%~50%;胎体较柔软,弹性好。

　　子午线轮胎的优点是接地面积大,附着性能好,胎面滑移小,对地面单位压力也小,因而滚动阻力小,使用寿命长;胎冠较厚且有坚硬的带束层,不易刺穿,行驶时变形小,可降低油耗3%~8%;因帘布层数少,胎侧薄,所以散热性能好;径向弹性大,缓冲性能好,负荷能力较大;在承受侧向力时,接地面积基本不变,故在转向行驶和高速行驶时稳定性好。

图4-29　子午线轮胎

　　子午线轮胎的缺点是因胎侧较薄柔软,胎冠较厚,在其与胎侧过渡区易产生裂口;吸振能力弱,胎面噪声较大;制造技术要求高,成本也高。

3.轮胎花纹

　　为使轮胎与地面具有良好的附着性能,防止纵向和横向滑移,在胎面上制有各种花纹。胎冠的花纹决定了轮胎的使用性能。不同的花纹适应不同的路面及不同类型的汽车。

　　轮胎花纹分类及特性见表4-1。

轮胎花纹分类及特性　　　　　　　　　　　　表4-1

类型	纵向花纹	横向花纹	混合花纹	越野花纹
胎面花纹				
形状	沿圆周方向纵向连线的花纹(纵纹)	横向切割的花纹(横纹)	横纹和纵纹相结合的花纹	由独立的块组成的花纹
特征	(1)有较好的操纵稳定性; (2)滚动阻力较低; (3)噪声低; (4)排水性好; (5)防侧滑,转向稳定性优异	(1)有利于获得高的驱动力和制动力; (2)强大的牵引力; (3)具有优异的耐刺伤性	(1)纵纹提供转向稳定性并有助于防止侧滑; (2)横纹改善了驱动力、制动力及牵引力	(1)有利于获得高的驱动力和制动力; (2)在雪地和泥泞路面上具有良好的转向稳定性

三、轮胎的常用标志

1.轮胎尺寸标记

　　充气轮胎尺寸的标记如图4-30所示。

　　轮胎断面高度H与断面宽度B之比以百分比表示称为轮胎的扁平率(图4-31)。

　　随着轮胎的扁平化,仅用断面宽度B和轮辋直径d已不能完全表示轮胎的规格。即在断面宽度B相同的情况下,断面高度H随不同扁平率而变化。轮胎按其扁平率——高宽比

71

H/B 划分系列,目前国产轿车子午线轮胎有 80、75、70、65、60 五个系列,数字分别表示断面高度 H 是断面宽度 B 的 80%、75%、70%、65% 和 60%。显然,数字越小,轮胎越矮,即轮胎越扁平。

图 4-30 轮胎尺寸标记

D-轮胎外径;d-轮胎内径;H-轮胎断面高度;B-轮胎断面宽度

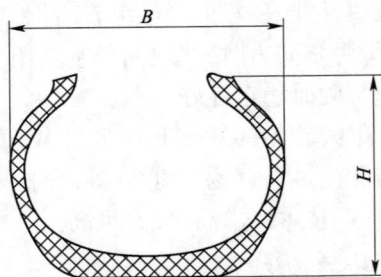

图 4-31 轮胎的扁平率(高宽比)

2. 轮胎规格标记方法

1)ISO 国际标准的轮胎规格

按照 ISO 标记,轮胎的规格由六部分组成:"轮胎宽度(mm)＋轮胎断面的扁平率(%)＋轮胎类型代号＋轮辋直径(in)＋负荷指数＋许用车速代号"。例如:175/70R 14 77H 中175 代表轮胎宽度是 175mm,70 表示轮胎断面的扁平率是 70%,即断面高度是宽度的 70%,轮辋直径是 14in,负荷指数 77,许用车速是 H 级。

负荷指数及对应承载质量见表 4-2。

负荷指数及对应承载质量表(部分)　　　　　　　　　表 4-2

负荷指数	71	72	73	74	75	76	77	78	79	80
承载质量(kg)	345	355	365	375	387	400	412	425	437	450
负荷指数	81	82	83	84	85	86	87	88	89	90
承载质量(kg)	462	475	487	500	515	530	545	560	580	60
负荷指数	91	92	93	94	95	96	97	98	99	100
承载质量(kg)	615	630	650	670	690	710	730	750	775	800

许用车速表示对车辆速度的极限限制,超过许用车速可能引起爆胎,速度级别越高,轮胎设计及对材料的要求也就越高。许用车速等级见表 4-3。

许用车速标识对应许用车速表(部分)　　　　　　　　　表 4-3

许用车速标识	N	P	Q	R	S	T	U	H	V	W
对应许用车速(km/h)	140	150	160	170	180	190	200	210	240	270

注:①S、T、H 为许用车速常见等级,上表为部分许用车速标识;

②许用车速标识 Z,表示许用车速为 240km/h 或高于 240km/h。如许用车速 ZR,对应的许用车速要大于 240km/h;

③轮胎无速度标识,除非另有说明,一般认为最大安全速度为 120km/h。

2）我国轿车轮胎规格

我国轿车轮胎规格按照国际标准规格标志表示的上述前四项为结构尺寸特征,后两项为使用条件(图4-32)。

其中:

(1)185 表示轮胎宽度为 185mm,货车子午线轮胎的宽度一般用英寸(in)为单位。

(2)70 表示扁平率为 70%。

(3)R 表示子午线轮胎,即"Radial"的第一个字母。

(4)14 表示轮胎内径 14in。

(5)86 表示荷重等级,即最大载荷质量。荷重等级为 86 的轮胎的最大载荷质量为 530kg。

图4-32　我国轿车轮胎规格标记方法

3. 轮胎品牌

我国市场上常见轮胎品牌如图4-33 所示。

图4-33　常见轮胎品牌

操作指引

1. 组织方式

(1)场地设施:装有举升系统和消防设施的场地。

(2)设备设施:一汽—大众迈腾轿车,轮胎拆装机(包含专用工具)。

(3)工量具:常用工具(一套)、防护用品、防盗螺栓和五件套等。

(4)耗材:气门芯、轮胎装配膏、轮胎等。

(5)维修资料等。

2. 操作要点

(1)由于需要举升车辆,需要注意车辆和个人的防护。

(2)遵守场地安全规定,注意用电安全。

(3)正确使用轮胎拆装机。

(4)正确拆解和安装车轮。

任务实施

1. 压出轮胎

（1）拧下镀镍气门芯，排出轮胎内的空气。

（2）在轮胎装配机上使用压紧铲压出轮胎时须注意避开气门芯和轮胎压力传感器（图4-34箭头所指）。

（3）压紧铲安装在离开轮辋边缘最远2cm处。

（4）去除辐板式车轮上的平衡块和表面的污渍。

（5）压下四周的轮胎边缘，在轮胎和轮辋边缘之间抹上大量的轮胎装配膏（图4-35箭头处）。

图4-34　排出轮胎内的空气　　　　　图4-35　涂抹轮胎装配膏
1-压紧铲

2. 拆卸轮胎

（1）将轮辋小心的安装在轮胎装配设备上，使轮胎气门芯/轮胎压力传感器在装配头前。注意装配头不得位于轮胎气门芯/轮胎压力传感器的区域，因为它会损坏轮胎压力传感器。

（2）将装配头放于轮胎气门芯和轮胎压力传感器的附近，将轮胎安装杆在轮胎气门芯和轮胎压力传感器旁约30°的位置安装。

（3）将支顶器安装在装配头对面的轮辋边缘上（图4-36）。

图4-36　支顶器的安装
1-装配头；2-轮胎气门芯/轮胎压力传感器；3-支顶器；α-轮胎气门芯/轮胎压力传感器的区域

（4）用轮胎安装杆将轮胎边缘通过装配头上的装配销钉翘出后移出安装杆。

（5）沿顺时针方向运转轮胎装配机，直到上部圆缘完全位于轮辋边缘上方。上述操作将支顶器推向装配头,可重新轻易地取出支顶器。

(6)在轮胎装配设备上转动车轮,使轮胎气门芯/轮胎压力传感器转到装配头前(图4-37)。需要注意的是装配头不得在轮胎气门/轮胎压力传感器的区域内,因为它会损坏轮胎压力传感器。

(7)将装配头放在轮胎气门芯/轮胎压力传感器的附近,使得可用轮胎安装杆在轮胎气门芯/轮胎压力传感器旁约30°的位置安装。

(8)通过装配头上的装配销钉用轮胎安装杆将轮胎圆缘翘出。

(9)另外装入一个塑料安装杆。

(10)重新移开轮胎安装杆(图4-38)。

(11)使用塑料安装杆从外侧通过轮辋边缘固定轮胎圆缘,沿顺时针方向运行轮胎装配机,直到从辐板式车轮中完全拉出轮胎(图4-39)。

图4-37 安装位置
1-支顶器

图4-38 移除轮胎安装杆

1-装配头;2-轮胎气门芯/轮胎压力传感器 3-装配头;4-轮胎安装杆;α-轮胎气门芯/轮胎压力传感器的区域

3. 安装轮胎

(1)将轮胎装配膏涂抹轮辋边缘、轮胎圆缘和上部轮胎圆缘的内侧。

(2)在轮胎装配设备上转动辐板式的车轮,使得轮胎气门芯/轮胎压力传感器转到装配头的对面。

(3)沿顺时针方向转动轮胎装配机(图4-40)。

图4-39 取下轮胎
1-塑料安装杆

图4-40 轮胎的安装(一)
1-轮胎气门芯/轮胎压力传感器;2-装配头

图4-41　轮胎的安装（二）

（4）为了不损坏轮胎压力传感器,在轮胎气门芯/轮胎压力传感器(箭头所示)前停止下部圆缘的安装。只要装配头仍位于轮胎气门芯/轮胎压力传感器(图4-41箭头所指)之前,就允许转动该车轮。

（5）在轮胎装配设备上转动辐板式车轮,使得轮胎气门芯/轮胎压力传感器转到装配头的对面。

（6）将支顶器安装到辐板式车轮上。

（7）请注意轮胎圆缘在装配头上的准确位置,并沿顺时针方向转动装配机(图4-42)。

（8）为了不损坏轮胎压力传感器,在轮胎气门芯/轮胎压力传感器(箭头所示)前停止上部圆缘的安装。

（9）只要装配头仍位于轮胎气门芯/轮胎压力传感器(箭头所示)之前,就允许转动该轮。

（10）从轮辋边缘上取下支顶器(图4-43)。

（11）给轮胎充气,最大充气压力不超过0.33MPa。

图4-42　支顶器的安装
1-轮胎气门芯/轮胎压力传感
器;2-装配头;3-支顶器

图4-43　支顶器的拆卸

任务小结

（1）车轮是介于轮胎和车轴之间承受负荷的旋转组件,是汽车行驶中的重要部件。

（2）在轮胎装配机上使用压紧铲压出轮胎时必须注意,轮胎气门芯/轮胎压力传感器在压紧铲的对面。

子任务3　底盘检查

任务描述

客户王先生反映,汽车在行驶中右前减振器有异响。接车后,检查发现该大众迈腾轿车前减振器工作不正常,需要通过拆解来确定故障原因,修复或更换配件后进行正确装配。

学习目标

(1)能理解底盘各部件的作用;

(2)能够描述底盘各部件的功能并进行底盘检查;

(3)能够拆解和更换减振器;

(4)会运用所学知识和经验,为客户提供汽车底盘维护的建议;

(5)具备信息查询和手册使用的基本能力;

(6)能够按照企业 5S 要求和安全生产规范进行操作;

(7)能与同学密切合作,规范安全地完成学习活动;

(8)养成自主学习的习惯,培养操作规范的工作作风及环保意识。

建议学时:4 学时。

知识准备

一、悬架的作用、组成及元件特点

1.悬架的作用与组成

悬架是汽车的车架与车桥之间的一切传力和连接装置的总称,其作用是传递作用在车轮和车架之间的力和力矩,缓冲由不平路面传给车架或车身的冲击力,并衰减由此引起的振动,以保证汽车能平顺地行驶。

悬架由弹性元件、导向装置、减振器和横向稳定杆组成(图 4-44)。悬架结构形式和性能参数的选择合理与否,直接对汽车行驶的平顺性、操纵稳定性和舒适性有很大的影响。

图 4-44　汽车悬架的组成

1-纵向推力杆(导向装置);2-弹性元件;3-横向推力杆(导向装置);4-横向稳定杆;5-减振器(扭力杆)

2.弹性元件的功用、类型、材料

弹性元件的作用是支撑垂直载荷,缓和和抑制不平路面引起的振动和冲击。弹簧是用具有弹性较高材料制成的零件,在车轮受到大的冲击时,动能转化为弹性势能储存起来,在车轮下跳或回复原行驶状态时释放出来。

常见的弹性元件类型主要有钢板弹簧、螺旋弹簧、扭杆弹簧、气弹簧和橡胶弹簧等。

1)钢板弹簧

钢板弹簧又称叶片弹簧,它是由若干个不等长的合金弹簧片叠加在一起组合成一根近似等强度的梁,如图 4-45 所示。由于钢板弹簧本身还可兼起导向机构的作用,因此对于水平方向受力不是很大的车型,可不必专设导向装置,以使结构简化。

a)对称式钢板弹簧   b)非对称式钢板弹簧

图 4-45　钢板弹簧

1、8-中心螺栓;2、7-钢板弹簧;3、6-弹簧夹;4、5-卷耳;9-螺母;10-螺栓;11-套管

2）螺旋弹簧

螺旋弹簧是由弹簧钢板卷制成螺旋状的弹簧(图 4-46),它只能承受垂直载荷,所以必须有导向机构。

a)等螺距螺旋弹簧   b)不等螺距螺旋弹簧

图 4-46　螺旋弹簧

3）扭杆弹簧

扭杆弹簧本身是一根由弹簧钢制成的杆。如图 4-47 所示,扭杆断面通常为圆形,少数为矩形或管形。其两端形状可以做成花键、方形、六角形或带平面的圆柱形等,以便一端固定在车架上,另一端固定在悬架的摆臂上。摆臂还与车轮相连。当车轮跳动时,摆臂便绕着扭杆轴线摆动,使扭杆产生扭转弹性变形,借以保证车轮与车架的弹性联系。

4）气体弹簧

气体弹簧是在一个密封的容器中充入压缩气体,利用气体可压缩性实现弹簧的作用。气体弹簧的特点是,作用在弹簧上的载荷增加时,容器中气压升高,弹簧刚度增大;反之,当载荷减小时,气压下降,刚度减小。

图 4-47　扭杆弹簧

气体弹簧分为空气弹簧和油气弹簧两种。空气弹簧又可分为囊式空气弹簧和膜式空气弹簧,囊式空气弹簧由夹有帘线的橡胶气囊和密闭在其中的压缩空气组成。气囊有单节和多节式,节数越多,弹性越好,但密封性越差(图4-48);膜式空气弹簧的密闭气囊由橡胶膜片和金属压制件组成,与囊式相比,其刚度较小,车身自然振动频率较低,尺寸较小,在车上便于布置,故多用在轿车上(图4-49)。

盖板
气囊
腰环

图4-48 囊式空气弹簧

金属座
橡胶膜片

图4-49 膜式空气弹簧

油气弹簧一般以惰性气体氮气为弹性介质,用油液作为传力介质,由气体弹簧和相当于减振器的液压缸组成。油气弹簧又可分为油气不分割式和油气分割式(图4-50)。

5)橡胶弹簧

橡胶弹簧利用橡胶本身的弹性起弹性元件的作用,它可以承受压缩载荷和扭转载荷,由于橡胶的内摩擦较大,橡胶弹簧还具有一定的减振能力,橡胶弹簧多用作悬架的副簧和缓冲块。

3.减振器

1)减振器的作用

减振器是用于衰减车辆的振动,以改善汽车的平顺性,提高乘员的舒适性(图4-51)。

2)减振器的结构

减振器有3个同心钢筒,如图4-52所示。外面的钢筒是

气体
油液

a)油气不分割式   b)油气分割式

图4-50 油气弹簧

防尘罩,其上部的吊环与车架(或车身)相连。吊环下装有活塞杆及油封活塞。中间是储油缸筒,内装一定量的油液(不装满),其下端的吊环与车桥相连。最内的是工作缸筒,其内装满油液。与防尘罩上端吊环制成一体的活塞杆上固定着活塞,活塞上装有伸张阀和流通阀,在工作缸筒下端的支座上装有压缩阀和补偿阀。

图 4-51　减振器的作用

4.导向装置

(1)导向装置的作用。导向装置连接车轮、车身,使车桥相对于车架(车身)只能作上、下运动,保护了弹性元件,并保证行驶的稳定性。

(2)导向装置的类型。导向装置有立柱、上下摆臂、弹簧座等。

二、悬架的种类

按照悬架的结构特点,汽车悬架可分为非独立悬架和独立悬架两大类。

1.非独立悬架

如图 4-53a)所示,非独立悬架的特点是两侧车轮安装于一整体式车桥上,当一侧车轮因道路不平受冲击力时,会直接影响到另一侧车轮。目前,这种悬架广泛应用于载货汽车和大型客车。非独立悬架由于非簧载质量比较大,高速行驶时悬架受到冲击载荷比较大,平顺性较差。

2.独立悬架

如图 4-53b)所示,独立悬架的特点是两侧车轮分别独立地与车架(或车身)弹性连接,当一侧车轮因道路不平受冲击时,其运动不直接影响另一侧车轮,保证了车身的平衡,同时有效延长了轮胎的寿命。独立悬架所采用的车桥是断开式的,使发动机可放低安装,有利于降低汽车重心,并使结构紧凑。独立悬架允许前轮有大的跳动空间,有利于转向,便于选择的弹簧元件使平顺性得到改善。同时,独立悬架非簧载质量小,可提高汽车车轮附着性。

图 4-52　减振器的结构
1-补偿阀;2-压缩阀;
3-储油缸筒;4-伸张阀;
5-活塞;6-工作缸筒;
7-活塞杆;8-油封;9-防尘罩;10-导向座;11-流通阀

a)独立悬架　　　　　　　　　　　　b)非独立悬架

图 4-53　汽车悬架

三、非独立悬架的结构与工作原理

1. 钢板弹簧式非独立悬架

钢板弹簧式非独立悬架由钢板弹簧、减振器及相关的连接装置组成,其结构如图 4-54 所示。

2. 螺旋弹簧式非独立悬架

螺旋弹簧式非独立悬架由螺旋弹簧、减振器及相关的连接装置组成,其结构如图 4-55 所示。

图 4-54　钢板弹簧式非独立悬架
1-减振器;2-钢板弹簧

图 4-55　螺旋弹簧式非独立悬架
1-上控制臂;2-螺旋弹簧;3-横支杆;4-减振器;5-下控制臂

四、独立悬架的结构与工作原理

1. 横臂式独立悬架

横臂式独立悬架是指车轮在汽车横向平面内摆动的独立悬架,按横臂数量的多少又分为双横臂式和单横臂式悬架。

单横臂式具有结构简单、侧倾中心高,有较强的抗侧倾能力的优点。但随着现代汽车速度的提高,侧倾中心过高会引起车轮跳动时轮距变化大,轮胎磨损加剧,而且在急转弯时左右车轮垂直力转移过大,导致后轮外倾增大。减少了后轮侧偏刚度,从而产生高速甩尾的严重工况。单横臂式独立悬架多应用在后悬架上,但由于不能适应高速行驶的要求,目前应用不多,如图 4-56 所示。

2. 纵臂式独立悬架

纵臂式独立悬架是指车轮在汽车纵向平面内摆动的悬架结构(图 4-57)。按照结构形式的不同,纵臂式独立悬架又分为单纵臂式和双纵臂式两种形式。单纵臂式悬架当车轮上下跳动时会使主销后倾角产生较大的变化,因此单纵臂式悬架不用在转向轮上;双纵臂式悬架的两个摆臂一般做成等长的,形成一个平行四杆结构,这样,当车轮上下跳动时主销的后倾角保持不变,双纵臂式悬架多应用在转向轮上。

3. 车轮沿主销移动的独立悬架

1)烛式独立悬架

烛式独立悬架的优点是当悬架变形时,主销的定位角不会发生变化,仅轮距、轴距稍有改变;有利于汽车的转向操纵性和行驶稳定性。缺点是侧向力全部由套筒和主销承受,两者间的摩擦阻力大,磨损严重。因此,这种结构形式目前很少采用,如图 4-58 所示。

图 4-56 单横臂式独立悬架
1-减振器;2-油气弹簧元件;3-中间支撑;4-单铰链;5-主减速器壳;6-纵向推力杆;7-螺旋弹簧;8-半轴套管

图 4-57 纵臂式独立悬架

图 4-58 烛式独立悬架
1-主销;2、5-防尘罩;3-减振器;4-通气管;6-套筒

2)麦弗逊式独立悬架

麦弗逊式悬架主要由减振器、螺旋弹簧、立柱、下摆臂等组成(图 4-59)。

3)双叉式独立悬架

双叉式独立悬架主要由减振器、螺旋弹簧、上摆臂、下摆臂等组成(图 4-60)。

图 4-59　麦弗逊式独立悬架

1-前托架；2-横向稳定杆；3-下摆臂；4-球头销；5-转向节；6-螺旋弹簧；7-减振器；8-立柱；9-连接杆

图 4-60　双叉式独立悬架

1-转向节；2-下摆臂；3-稳定杆；4-螺旋弹簧；5-上摆臂

操作指引

1. 组织方式

（1）场地设施：装有举升系统和消防设施的场地。

（2）设备设施：一汽—大众迈腾轿车。

（3）工量具：底盘拆装专用工具、常用工具（一套）、防护用品等。

（4）耗材：一次性防护用品、五件套和拆装工作台等。

（5）维修资料等。

2. 操作要点

（1）注意车辆和个人的防护。

（2）遵守场地安全规定，注意用电安全。

（3）正确使用专用工具。

（4）保持车内外干净，遵守现场 5S 管理。

任务实施

1. 拆装前减振器

（1）拆卸车轮。

（2）拧下左、右减振器连接杆上的六个螺母。

（3）拉出制动管支架卡夹并松开制动管。

（4）从减振器上拆下转速传感器线束（图 4-61）。

（5）从制动钳上拆下固定螺栓（图 4-62）。

图 4-61　转速传感器线束的拆卸

图 4-62　固定螺栓的拆卸
1-固定螺栓；2-制动钳固定螺栓

（6）拆下制动钳，并将其挂到车身上。

（7）从控制臂上拆下双向连接杆。

（8）从减振器上拆下双向连接杆。

（9）拆下右侧减振器。若要拆下右侧减振器，则必须拆下隔声板，将变速器驱动凸缘与传动连接脱开。两侧减振器工作顺序相同，松开车轮轴承座/减振器螺栓连接（图 4-63）。

将专用工具 3424 插入图 4-64 所示箭头槽内，将棘轮扳手旋转 90°并拉出专用工具，用手沿减振器方向压制动盘，否则车轮轴承座孔内的减振器护套将发生倾斜，向下拉车轮轴承座使其与减振器分开。

最后拆下上减振器座六角螺母（图 4-65）。

图 4-63　松开螺栓连接

图 4-64　专用工具的使用

2. 拆装后减振器

1）拆卸减振器

（1）拆下车轮。

（2）从支架上松开转速传感器线束。

（3）部分松开后翼子板内衬（图 4-66）。

（4）拆下减振器的上螺栓（图 4-67 中箭头所示）。

（5）用变速器千斤顶慢慢降下控制臂。

图 4-65　上减振器座六角螺母的拆卸

1-通用棘轮扳手;2-专用工具 T10001/8;3-专用
工具 T10001/11;4-专用工具 T10001/5

图 4-66　松开后翼子板内衬

（6）拆下减振器的下螺栓（图 4-68 中箭头所示），取下减振器。

图 4-67　减振器上螺栓的拆卸

图 4-68　减振器下螺栓的拆卸

2）安装减振器

若有必要,从稳定杆上拆下双向连接杆。这将使安装减振器下螺栓变得容易。安装工作顺序与拆卸是相反的。

拧紧力矩要求分别为,减振器与车身为 60N·m,减振器与控制臂为 100N·m + 90°。需要注意的是必须使用新螺栓,车辆必须以车轮支撑,并且车辆后座上加载一人质量。

任务小结

（1）悬架是汽车的车架与车桥或车轮之间的一切传力和连接装置的总称,其作厈是传递作用在车轮和车架之间的力和力矩,缓冲由不平路面传给车架或车身的冲击力,并衰减由此引起的振动,以保证汽车能平顺地行驶。

（2）悬架由弹性元件、导向装置、减振器和横向稳定杆组成。

（3）拆解减振器过程中严格按照操作规程进行,防止发生意外。

（4）底盘检查时,除了检查减振器之外,还应检查各种管路、密封件、坚固件是否正常,根据维修手册和维护规范进行检查维护,确保汽车底盘正常。

学习任务五 汽车电控系统维护

任务概述

近年来,随着电子工业的发展,越来越多的电子装置应用于汽车。平均每辆汽车电子装置在整个汽车制造成本中所占的比例由16%增至23%以上。在一些豪华轿车,微型计算机的数量已经超过100个,电子产品占到整车成本的50%以上,目前电子技术的应用几乎已经深入到汽车所有的系统。汽车电子化的程度被看作是衡量现代汽车水平的重要标志,是用来开发新车型、改进汽车性能最重要的技术措施,更被汽车制造商认为是夺取未来汽车市场的有效手段。

一般来说,现代汽车电控系统可以划分为汽车电气设备与汽车电子控制系统两部分。其中,每一部分又可以划分为若干个子系统。汽车电气设备的主要功能是保证汽车正常行驶,而汽车电子控制系统的作用是提高汽车的整体性能,包括动力性、经济性、安全性、舒适性、操纵性、通过性以及排放性能等。可见,汽车电控系统维护对于确保汽车正常运行,保证其各项性能指标处在最佳状态具有重要意义。因此,必须定期对汽车电控系统进行检查与维护,及时发现和排除故障,以确保汽车电控系统的工作性能良好。

主要学习任务

1. 蓄电池的检查与维护

2. 汽车诊断仪的使用

3. 维护周期的复位

4. 灯光、仪表系统的检查

子任务1　蓄电池的检查与维护

📖 任务描述

　　车主李先生反映,前一天汽车还正常行驶,放置一晚上后,第二天早晨汽车就无法起动,只能求助汽车4S店进行救援。技术人员对汽车进行检查后,发现在起动车辆时,起动机能转动,但是转速较低,无法完成发动机的起动过程,初步怀疑是蓄电池的问题。

　　蓄电池是汽车上的两个电源之一,与交流发电机并联,在汽车上起到起动发动机、协助发电机供电、存储多余电量、平衡电网电压等作用。因此,蓄电池技术状况好与否会直接影响汽车的起动,特别是在冬季室外气温较低时,蓄电池很容易亏电,导致出现车辆起动不了的情况。

　　因此,接下来需要对蓄电池的技术状况进行检查和维护,必要时更换蓄电池。

📖 学习目标

　　(1)能判断蓄电池的类型、结构、功用和技术参数;

　　(2)能检查蓄电池的技术状况和电源系统的状况;

　　(3)能够选用并更换蓄电池;

　　(4)能够对蓄电池进行充电和维护;

　　(5)会运用所学知识和经验,为客户提供汽车蓄电池日常正确使用和维护的建议;

　　(6)具备信息查询和手册使用的基本能力;

　　(7)能够按照企业5S要求和安全生产规范进行操作;

　　(8)能与同学密切合作,规范安全地完成学习活动;

　　(9)养成自主学习的习惯,培养操作规范的工作作风及环保意识。

建议学时:4学时。

知识准备

一、蓄电池的作用

蓄电池是一种可逆的低压直流电源,在汽车上的主要功用如下。

(1)当起动发动机时,向起动系统和点火系统供电。

(2)当发电机不发电或输出电压较低时,向交流发电机励磁绕组以及其他用电设备供电。

(3)当发动机中高速运转、发电机正常发电时,将发电机剩余电能转换为化学能储存起来。

(4)当发电机过载时,协助发电机向用电设备供电。

(5)稳定电系电压。蓄电池相当于一只大容量电容器,不仅能够保持汽车电系的电压稳定,而且还能吸收电路中出现的瞬时过电压,防止损坏电子设备。

在起动发动机时,要求蓄电池在 3~5s 的时间内向起动机连续供给强大电流(汽油发动机一般为 200~600A,柴油发动机一般为 800~1000A)。因此,对蓄电池主要性能要求是容量大、内阻小,以保证有足够的起动能力。

二、蓄电池的型号

铅酸蓄电池名称、型号编制与命名办法(JB/T 2599—2012)中规定了蓄电池的型号由三部分组成,一般标注在外壳上。

(1)	(2)		(3)	
串联单格电池数	蓄电池类型	蓄电池特征	额定容量	特殊性能

(1)串联的单体电池数:用阿拉伯数字表示。蓄电池额定电压是这个数字的 2 倍,如:3 表示 3 个单格电池,额定电压为 6V;6 表示 6 个单格电池,额定电压为 12V。

(2)蓄电池的类型、结构特征:蓄电池类型用汉语拼音字母表示。如起动用铅蓄电池用 Q 表示;摩托车用蓄电池用 M 表示,具体参见表5-1。蓄电池的结构特征用汉语拼音字母表示,具体参见表5-2,无字母表示为普通铅酸蓄电池。

(3)蓄电池的额定容量及特殊性能:额定容量用阿拉伯数字表示。我国规定用20h放电率的额定容量来表示,额定容量越大,表示其起动能力越强,单位为 A·h(安培·小时)。蓄电池的特殊性能:用汉语拼音字母表示,无字母为一般性能蓄电池。如 G 表示高起动率;D 表示低温起动性能好。

例如:6-QA-60G 型蓄电池表示是由 6 个单格电池串联而成,额定电压为12V,额定容量为 60A·h 的起动型干荷电高起动率铅蓄电池。

蓄电池类型代号　　　　　　　　　　　　　　表 5-1

序号	蓄电池类型（主要用途）	型　　号	汉字及拼音或英语字头		
1	起动型	Q	起	qi	mi
2	固定型	G	固	gu	wei
3	牵引（电力机车）用	D	电	dian	gan
4	内燃机车用	N	内	nei	shi
5	铁路客车用	T	铁	tie	
6	摩托车用	M	摩	mo	pai
7	船舶用	C	船	chuan	jiao
8	储能用	CN	储能	chu neng	
9	电动道路车用	EV	电动车辆		electric vehicle
10	电动助力车用	DZ	电助	dian zhu	
11	煤矿特殊	MT	煤特	mei te	

蓄电池结构特征代号　　　　　　　　　　　　表 5-2

序号	蓄电池特征	型　　号	汉字及拼音或英语字头	
1	密封式	M	密	mi
2	免维护	W	维	wei
3	干式荷电	A	干	gan
4	湿式荷电	H	湿	shi
5	微型阀控式	WF	微阀	wei fa
6	排气式	P	排	pai
7	胶体式	J	胶	jiao
8	卷绕式	JR	卷绕	juan rao
9	阀控式	F	阀	fa

三、蓄电池的容量

蓄电池容量标志着蓄电池的对外供电能力，是蓄电池的主要性能参数。蓄电池的容量是指在放电允许的范围内，蓄电池输出的电量，即容量 C 等于放电电流 I_f 与放电时间 t_f 的乘积：

$$C = I_f \cdot t_f$$

蓄电池的容量各个国家有不同的表示方法，常用以下四类指标。

1. 20h 率额定容量

20h 率额定容量是指完全充足电的蓄电池，在电解液温度为 25℃ 时，以 20h 放电率的电流连续放电到 12V 蓄电池端电压降到 10.50V ± 0.05V；6V 蓄电池端电压降到 5.25V ± 0.02V 时所输出的电量，用 C_{20} 表示，单位是 A·h。例如：一个 45A·h 容量的蓄电池，以恒定 1A 的电流放电，能持续放电 45h。我国国家标准（GB）采用 20h 率额定容量来评价蓄电池的容量。

2.储备容量

储备容量是指完全充足电的蓄电池,在电解液温度为25℃±2℃时,以25A电流放电至12V蓄电池端电压达10.50V±0.05V、6V蓄电池端电压达5.25V±0.02V时,放电所持续的时间,用RC表示,单位为min。美国BCI标准采用储备容量作为蓄电池的评价指标。如:蓄电池标识为"12V 430A 80min",表示该蓄电池的标称电压为12V,冷起动电流为430A,储备容量为80min。

3.低温起动电流

由于蓄电池的容量受温度的影响比较大,温度高的时候储电量高,低温的时候会降低很多。因此,常用低温起动电流反映汽车蓄电池在低温下的容量。CCA(Cold Cranking Ampere)指的是在-17.8℃时充满电的铅酸蓄电池通过恒电流放电,在30s内电压刚好降至7.2V时的电流。这个指标可以把蓄电池的起动能力与发动机的排量、压缩比、温度、起动时间、发动机和电气系统的技术状况等重要变量联系起来,因此是一个综合性的指标。这个值越大,说明电池的低温起动性能越好。德国DIN标准(deutsche industrie normung)采用低温起动电流CCA评价蓄电池的容量。例如:型号为"640 CCA"的蓄电池,表示其低温起动电流值为640A。

4.日本JIS电池容量

JIS是日本国家级标准中最重要、最权威的标准,由日本工业标准调查会(JISC)制定。例如:型号为"80D26L"的蓄电池各参数含义解析如下:80表示容量代号(容量代号是容量大小的标识,其数值大小与容量无关);D表示宽与高的乘积,蓄电池的宽度和高度组合由A~H表示,字符越接近H,表示宽度和高度值越大;26表示长度(cm);L(左)或R(右)表示负极桩头的位置(正负桩头最靠近自己时观察)。

四、蓄电池使用与维护要点

(1)更换或搬运蓄电池时,要轻拿轻放,避免蓄电池壳体破裂导致漏液。

(2)起动发动机时,每次起动时间不应超过5s,再次起动间隔时间不少于10s。在起动发动机时,请关闭所有电气设备,以减少车辆起动时蓄电池的瞬时负荷。

(3)汽车经常短途驾驶,开开停停,会导致电池长期处于充电不足的状态,缩短使用寿命。在高速公路上以稳定的速度行车20~30min,可以给电池充分的时间充电。

(4)日常驾驶时,在离开汽车之前,检查并确保所有车灯及其他车用电器(如收音机等)已经关闭。避免在发动机熄火的状态下开启用电设备,如音响等,这可能会耗尽电池电量。此外,值得注意的是加装或改装的电子设备可能会加剧电量消耗,导致蓄电池亏电。

(5)如果电池耗尽,需借火(Jump-Starting,也称搭线)才能起动发动机,起动后应立刻尽量以恒定的转速运转20~30min,给蓄电池充足电。

(6)如果汽车长期放置不用,应先对蓄电池进行充分的充电。同时每隔一个月将汽车发动起来,中等转速运行20min左右。如果没有条件做到以上要求,建议熄火后将蓄电池负极拔下,这样就不会有暗电流的消耗,下次用车之前再把负极安装上。否则,放置时间太长,将导致蓄电池严重亏电而难以起动发动机。

（7）日常使用过程中,应定期检查蓄电池的固定情况,有无漏液和极柱腐蚀现象。对于免维护蓄电池,还可以通过观察"电眼"判断蓄电池是否正常。

（8）如果蓄电池电量不足,应该及时对其进行补充电。可以使发动机以中高速稳定运行20～30min,或通过充电设备对蓄电池补充充电,不要使蓄电池长期处于亏电状态。

（9）了解电池的使用时间,一般如果蓄电池使用超过4年,建议更换。

（10）更换新的蓄电池时,要注意类型、容量等和原电池保持一致。连接时注意正、负极要连接正确,固定可靠。

操作指引

1. 组织方式

（1）场地设施:装有废气抽排系统和消防设施的场地。

（2）设备设施:一汽—大众迈腾轿车。

（3）工量具:蓄电池测试仪、万用表、常用工具(一套)、防护用品等。

（4）耗材:线束等。

（5）维修资料等。

2. 操作要点

（1）由于电解液具有腐蚀性,如果电解液从蓄电池中流出,会造成皮肤损伤,有损伤车辆油漆和部件的风险,需要注意车辆和个人的防护。

（2）遵守场地安全规定,注意用电安全。

（3）正确使用万用表、蓄电池测试仪等工量具。

（4）在检测蓄电池技术状况时,严禁用力拉扯线束。

（5）在对蓄电池充电操作时,必须由经过培训的专业技术人员在通风良好的环境中进行。

（6）在拆卸蓄电池时,必须先断开蓄电池负极接线柱,否则有短路烧伤的风险。在对蓄电池进行充电时,必须先连接正极接线柱,后连接负极接线柱。

（7）绝不要对已发生冻结的蓄电池采取起动辅助措施,有发生爆炸的危险,必须更换新的蓄电池。

任务实施

1. 蓄电池的初步检查

（1）打开汽车发动机罩,记录蓄电池的型号与主要技术参数(图5-1),分析其含义。

（2）观察蓄电池的"电眼"颜色,初步判断蓄电池的电量(图5-2)。"电眼"实际上是一个小型的内置式密度计。当蓄电池的电量发生变化时,电解液的密度会相应地变化,因而密度计会上下浮动,从而使"电眼"呈现不同的颜色:绿色表示蓄电池电量正常;黄色表示蓄电池需充电;黄色至无色表示蓄电池坏了。

（3）蓄电池外观与固定情况检查。重点观察极柱有无锈蚀,固定是否牢靠,蓄电池壳体有无鼓包、破裂或漏液，导线连接是否正常。如果有电解液泄漏，则更换蓄电池。具体操作过程如下：

①蓄电池固定螺栓的检查。使用力矩扳手VAG1331(5-50NM)及套筒扳手检查蓄电池固定螺栓的力矩是否符合标准。迈腾轿车蓄电池固定螺栓的拧紧力矩为20N·m。

②蓄电池端子接线柱固定的检查。检查端子接线柱固定螺栓是否松动，如松动则用力矩扳手VAG1783(2-10NM)以标准力矩拧紧。迈腾轿车蓄电池端子接线柱固定螺栓的拧紧力矩为9N·m。

a)外观图

b)技术参数释义

72A·h：蓄电池容量72A·h，温度为20℃，电流为3.60A，放电20h后蓄电池电压不低于10.5V；(遵照德国DIN标准)(72/20=3.60A)
380A：在电流为380A时，根据德国标准执行耐低温试验。(-18℃时，放电30s，蓄电池电压不低于9V。)(遵照德国DIN标准)

图5-1　蓄电池外观与技术参数释义

a)三色电眼　　　　　　b)EPB蓄电池二色电眼

图5-2　蓄电池的电眼

2. 蓄电池静态电压的检测

使用VAG1526B对蓄电池静态电压进行检测。标准测试条件如下：

(1)关闭点火开关并断开所有用电器,拔下点火钥匙;

（2）断开蓄电池负极接线端；

（3）至少等待 2h，在此期间，对蓄电池既不能充电也不能放电；

（4）测试结果分析及采取的措施：如果静态电压高于 12.5V，说明静态电压正常；如果静态电压低于 12.5V，给蓄电池充电。如果充电后蓄电池静态电压仍然低于 12.5V，则更换蓄电池。

3. 蓄电池检测仪检测

蓄电池检测仪可以检查蓄电池的静态电压、低温启动电流、启动电压和充电电压，从而综合判断蓄电池的技术状况。一汽—大众用到的蓄电池检测仪如图 5-3 所示。

该设备为早期产品，检测结果不能用于蓄电池索赔鉴定

a)VAS5097A　　　　b)GRX3000　　　　c)micro341　　　　d)VAS6161

图 5-3　蓄电池检测仪

下面以 VAS6161 为例，说明蓄电池检测仪的使用。在使用蓄电池检测仪进行检测时，可以检测以下三个方面：①静态测试；②起动测试；③充电测试。

蓄电池检测仪的连接如图 5-4 所示。

1）静态测试

在质量担保模式下，其具体操作步骤如下。

（1）选择测试位置：选择就车测试（IN VE-HICLE）或离车测试（OUT OF VEHICL），然后按回车键。

（2）选择温度：是否在"－32℉"以上，根据环境温度选择，然后按回车键。

（3）选择蓄电池类型：显示"REGULAR、AGM、2＊6 SPIRAL、GEL"等类型，根据蓄电池型号选择后，按回车键。

图 5-4　蓄电池检测仪的连接

（4）选择蓄电池容量类型及容量值：显示
"CCA、JIS、DIN、SAE、IEC、EN"等容量类型，选择蓄电池容量类型后，再选择具体容量数值，然后按回车键进行测试。测试结果及分析如图 5-5 所示。

检测结果分为"良好的蓄电池""需要补充充电""充电后重新测试"和"更换蓄电池"等。

2）起动测试

当蓄电池选择"就车测试"时，可以在静态测试后进入起动测试"START TEST"。测试结果及分析如图 5-6 所示。

测 试 结 果	推 荐 操 作
蓄电池良好	返回维护
蓄电池良好,补充充电	充电完成后进行维护
充电并重新测试	充电完成后重新测试,如果充满电后仍然出现此信息,更换蓄电池
更换蓄电池	更换蓄电池。该信息也有可能由于蓄电池电缆连接不良导致,此时应断开蓄电池连接,重新进行离车测试,仍然出现此信息时更换蓄电池
单个电池损坏,更换蓄电池	更换蓄电池并重新测试
蓄电池结冰	使蓄电池消除结冰后重新测试
远程发布	此信息出现在跨接起动时,建议直接在蓄电池端子上测试

图 5-5　静态测试结果及分析

测 试 结 果	推 荐 操 作
曲轴运转正常	起动电压正常,蓄电池电量充足
低电压	起动电压低,蓄电池电量充足
蓄电池充电	起动电压低,蓄电池过量放电。蓄电池充满电后重新进行起动测试
更换蓄电池	如果蓄电池测试结果显示"更换或坏的蓄电池",则在进行起动测试前必须更换蓄电池
没有起动	发动机没有起动,测试终止
越过曲轴	测试没有检测到汽车起动过程,跳过起动测试

图 5-6　起动测试结果及分析

3）充电测试

发动机起动后,可以继续进行充电测试。在此过程中,发动机怠速运转,有可能显示屏提示打开、关闭前照灯等负载。测试结果及分析如图 5-7 所示。

4. 蓄电池静态放电电流的检测

如果蓄电池在使用过程中,反复出现电量异常消耗问题,此时需要测试蓄电池的静态放电电流（俗称暗电流）。即:在所有用电设备关闭,点火开关关闭时,用电流钳或万用表测试蓄电池的静态放电电流。蓄电池静态放电电流一般应低于 50～80mA。

测 试 结 果	推 荐 操 作
过多的电压起伏	一个或多个发电机内二极管损坏或定子损坏,表现为蓄电池充电电压出现过多的交流电压起伏。检查并确认发电机安装牢固,皮带形状正常并张紧合适,如果正常,则更换发电机
断相	测试仪检测到发电机内部的断相故障,更换发电机
二极管开路	测试仪检测到发电机内部二极管开路,更换发电机
二极管短路	测试仪检测到发电机内部二极管短路,更换发电机
没有问题	发电机输出及充电系统正常,没有发现问题
无输出电压	发电机没有给蓄电池提供充电电流: 检查皮带,确保发电机跟随发动机一起运转。更换断裂或打滑的皮带后重新测试; 检查发电机外部所有的连接处,特别是与蓄电池之间的连接。如果连接过松或已经腐蚀,清洁或更换连接电缆并重新测试; 如果皮带与连接均正常,更换发电机
输出电压过低	发电机无法输出足够的电流以满足用电设备供电和蓄电池充电的要求: 检查皮带,确保发电机跟随发动机一起运转。更换断裂或打滑的皮带后重新测试; 检查发电机外与蓄电池之间的连接。如果连接过松或已经腐蚀,清洁或更换连接电缆并重新测试
输出电压过高	发电机到蓄电池的输出电压超出调节器的调压范围: 检查并确认导线连接无松动,搭铁可靠。如果无连接问题,则更换电压调节器

图 5-7 充电测试结果及分析

5. 蓄电池的补充充电

当发现蓄电池电量不足时,需要对其进行补充充电。一汽—大众用到的充电设备如图 5-8 所示。

a)VAS5900充电　　　　b)GRX3000自动充电　　　　c)VAS5095A

图 5-8 充电设备

使用 VAS5095A 对蓄电池进行充电,应注意以下方面。

(1)蓄电池温度在 10℃ 以上。

(2)关闭点火开关,拔出点火钥匙。

（3）关闭所有用电设备。

（4）进行蓄电池充电的准备工作。

①连接充电夹钳后再连接充电装置的电源接头。

②接通蓄电池充电装置。

③必要时根据蓄电池容量调整充电装置的充电电流。

（5）充电电流大约等于蓄电池容量的 10% ，如：60A·h 的蓄电池充电电流为 6A。

（6）充电完成后，按照断开充电夹钳、拔下充电装置电源插头的顺序断开设备。

任务小结

（1）蓄电池是一个将化学能转化成电能的设备。它的作用是供给发动机用电，当车辆准备发动时，蓄电池会放电给起动机提供电力，并由起动机带动飞轮、曲轴转动，从而起动车辆。在发动机供电不足或者未起动时为车内用电器（如音响系统、照明系统等）提供电源，当发动机开始正常供电之后，蓄电池则会收集并储存电能，以备日后使用。

（2）无论是免维护蓄电池还是普通蓄电池，正常使用寿命都在 2～3 年。注意蓄电池的日常维护，养成好的用车习惯对于延长蓄电池的使用寿命具有重要意义。

（3）蓄电池的容量有不同的评价指标。更换蓄电池时，要注意新旧蓄电池的类型、容量与尺寸应相同。

（4）蓄电池技术状况的检查可以通过以下方式进行：外观检查、电眼检查、万用表检查、蓄电池检测仪检查。检测的内容包括固定力矩、静态电压、起动电压、充电电压和静态放电电流等。

（6）蓄电池的补充充电方法包括定电压充电和定电流充电。一般对于亏电的蓄电池利用充电机对其进行定电压补充充电。

子任务 2　汽车诊断仪的使用

任务描述

车主张先生反映，近两天发现仪表板上有个灯一直亮，不知道是什么原因，只能来汽车 4S 店求助。技术人员对汽车进行检查后，发现是发动机故障灯常亮。

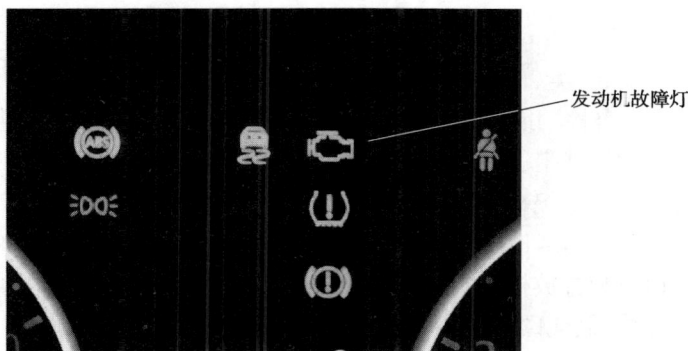

发动机故障灯

发动机故障灯是显示发动机工作状态的指示灯。正常情况为:接通点火开关后发动机故障灯点亮,3~4s后熄灭。自检时如果不亮或长亮表示发动机故障,需及时进行检修。发动机故障信号是由发动机电控单元发出的,而发动机电控单元控制的又是整个发动机所有的电子设备,像电子节气门、喷油嘴、发电机、燃油泵等,涵盖了进气、排气、燃油、点火、正时等各个系统。那么如果发动机故障灯亮了,具体是哪儿的原因呢？这个,就需要利用诊断仪进行检测了。因此,接下来需要使用汽车诊断仪对汽车电控系统进行检查,确定故障的具体部位。

学习目标

(1)能找到汽车上故障诊断接口的位置并正确连接诊断仪;
(2)熟悉诊断仪的功能与操作;
(3)能使用诊断仪对汽车电控系统进行检测和诊断;
(4)会运用所学知识和经验,为客户提供汽车电控系统日常正确使用和维护的建议;
(5)具备信息查询和手册使用的基本能力;
(6)能够按照企业5S要求和安全生产规范进行操作;
(7)能与同学密切合作,规范安全地完成学习活动;
(8)养成自主学习的习惯,培养操作规范的工作作风及环保意识。
建议学时:4学时。

知识准备

一、OBD标准

OBD是英文On-Board Diagnostic的缩写,中文翻译为"车载诊断系统"。这个系统实时监控发动机的运行状况和尾气后处理系统的工作状态,一旦发现有可能引起排放超标的情况,会马上发出警示。当系统出现故障时,故障灯(MIL)或检查发动机(Check Engine)警告灯亮,同时OBD会将故障信息存入存储器,通过标准的诊断仪器和诊断接口可以以故障码的形式读取相关信息。根据故障码的提示,维修人员能迅速准确地确定故障的性质和部位。

1. OBD 的历史与特点

从 20 世纪 80 年代起,美、日、欧等各大汽车制造企业开始在其生产的电喷汽车上配备 OBD,初期的 OBD 没有自检功能。比 OBD 更先进的 OBD Ⅱ 在 20 世纪 90 年代中期产生,美国汽车工程师学会(SAE)制定了一套标准规范,要求各汽车制造企业按照 OBD Ⅱ 的标准提供统一的诊断模式,在 20 世纪 90 年代末期,进入北美市场的汽车都按照新标准设置 OBD。

OBD Ⅱ 与以前的所有车载诊断系统不同之处在于有严格的排放针对性,其实质性能就是通过监测汽车的动力和排放控制系统来监控汽车的排放。当汽车的动力或排放控制系统出现故障,有可能导致一氧化碳(CO)、碳氢化合物(HC)、氮氧化合物(NO_x)或燃油蒸发污染量超过设定的标准,故障灯就会点亮报警。

OBD Ⅱ 的特点:

(1)诊断座形状统一为梯形 16 针,如图 5-9 所示。

(2)具有数值分析资料传输功能(DATA LINK CONNECTOR,DLC)。

(3)统一各车种相同故障码及意义。

(4)具有行车记录器功能。

(5)具有重新显示记忆故障码功能。

(6)具有可由仪器直接清除故障码功能。

图 5-9　OBD 接口

OBD 监测多个系统和部件,包括发动机、催化转化器、颗粒捕集器、氧传感器、排放控制系统、燃油系统、EGR 等。OBD 能在汽车运行过程中实时监测发动机电控系统及车辆的其他功能模块的工作状况,如有发现工况异常,则根据特定的算法判断出具体的故障,并以诊断故障码(DTC,Diagnostic Trouble Codes)的形式存储在系统内的存储器上。系统自诊断后得到的有用信息可以为车辆的维修提供帮助,维修人员可以利用汽车原厂专用仪器读取故障码,从而可以对故障进行快速定位,以便于快速修复车辆,减少人工诊断的时间。

2. 诊断接口针脚定义

DLC 诊断座为统一的梯形 16 针脚,并装置在驾驶室,一般安置在驾驶侧仪表板下方或转向盘周围,如图 5-10 所示。

OBD接口的位置一般都在转向盘下方的内饰板中，靠近驾驶人膝盖附近的地方，不同车型的位置稍有区别，但基本位置都差不多

图5-10　OBD接口位置

DLC PIN针脚进行资料传输遵循两个标准：一个是欧洲采用的 ISO（INTERNATION STANDARDS ORGANIZA TION 1941-2）标准，利用7#、15#脚进行；另一个是美国 SAE（SAE-JI850）标准，利用2#、10#脚进行。DLC16 针脚的定义如图5-11 所示。

16PIN OBDⅡ诊断座各接脚定义

接脚	英 文 定 义	中 文 定 义
1	Manufacturers discretion	制造商自定义
2	SAE J1850 Line(Bus +) *	SAE J1850 线（ Bus + ）*
3	Manufacturers discretion	制造商自定义
4	Chassis Ground	底盘搭铁
5	Signal Ground	信号搭铁
6	SAE J2284（CAN High）*	SAE J2284（CAN 高）*
7	K Line of ISO 9141-2 & ISO/DIS 4230-4 *	ISO 9141-2 和 ISO/DIS 4230-4 * K 线
8	Manufacturers discretion	制造商自定义
9	Manufacturers discretion	制造商自定义
10	SAE J1850 Line(Bus-) *	SAE J1850 线（ Bus-）*
11	Manufacturers discretion	制造商自定义
12	Manufacturers discretion	制造商自定义
13	Manufacturers discretion	制造商自定义
14	SAE J2284（CAN Low）*	SAE J2284（CAN 低）*
15	L Line of ISO 9141-2 & ISO/DIS 4230-4 *	ISO 9141-2 和 ISO/DIS 4230-4 * L 线
16	Unswitched Vehicle Battery Positive	汽车蓄电池正极

图5-11　DLC16 针脚定义

3. 故障码意义

SAE 定义 OBDⅡ的故障码由 5 个字符组合而成，第 1 个字为英文代码，第 2 个至第 5 个码为数字码，具体定义如下：

P0 ——发动机变速器电脑控制系统，由 SAE 统一制定的故障码。

P1 ——发动机变速器电脑控制系统，由厂家各自制定的故障码。

P2 ——发动机变速器电脑控制系统,预留故障码。

P3 ——发动机变速器电脑控制系统,预留故障码。

C0 ——底盘电脑控制系统,由 SAE 统一制定的故障码。

C1 ——底盘电脑控制系统,由各厂家各自制定的故障码。

C2 ——底盘电脑控制系统,预留故障码。

C3 ——底盘电脑控制系统,预留故障码。

B0 ——车身电脑控制系统,由 SAE 统一制定的故障码。

B1 ——车身电脑控制系统,由各厂家各自制定的故障码。

B2 ——车身电脑控制系统,预留故障码。

B3 ——车电脑控制系统,预留故障码。

U0 ——网路连接相关故障码。

U1 ——网路连接相关故障码。

U2 ——网路连接相关故障码。

U3 ——网路连接相关故障码。

二、汽车诊断仪的功能

汽车诊断仪是当代汽车维修的重要工具,它是一种专用的计算机,带有自己专用的操作系统,主要通过 CAN 总线(以前的系统是通过 K 线)对汽车电控系统进行操作,读出故障或进行设定与自适应。按照适用范围不同,汽车诊断仪一般分为通用型诊断仪和专用型诊断仪两类。专用型诊断仪就是针对某一特定汽车厂家车辆开发的诊断仪,例如:通用汽车的 TECH-2,福特汽车的 WDS、大众汽车的 5051/5052 等,专用诊断仪只能针对本品牌汽车进行故障诊断;通用型诊断仪可以针对市场上不同品牌的汽车进行故障诊断,比较知名的有元征的 X431,金德的 KT-600,金奔腾的彩圣 360、博世的 FSA-740 等。

汽车诊断仪的功能基本相同,都提供了包括读取故障码、清除故障码、动态数据测试、执行元件测试、参数设置、动态波形显示等功能,具体功能分析如下。

(1)读取故障码。利用诊断仪读取电控系统 ECU 的内存故障信息,将故障码和信息显示在屏幕上,方便故障诊断。

(2)清除故障码。故障排除以后,可以利用诊断仪清除电控系统 ECU 的内存信息,使其不再显示。

(3)动态数据测试。利用诊断仪连接电控系统 ECU 以后,可以在系统工作时动态显示执行器、传感器参数的变化,从而对其进行实时监控。例如:连接发动机 ECU 以后,在发动机工作时可以观察发动机转速、节气门开度、冷却液温度、喷油脉宽、点火提前角等参数的变化,进而分析发动机工作是否正常。

(4)执行元件测试。为了分析故障是发生在传感器、ECU 还是执行器,可以利用诊断仪的执行元件测试功能,通过诊断仪直接给执行元件发出动作指令,观察其是否能够正常动作。例如:连接发动机 ECU 以后,可以执行喷油器喷射、电子节气门开闭等动作。

(5)其他功能。诊断仪还提供了电脑设置、系统匹配等功能,结合其他测量设备,还可以实现万用表、示波器等功能。

操作指引

1. 组织方式

（1）场地设施：装有废气抽排系统和消防设施的场地。

（2）设备设施：一汽—大众迈腾轿车。

（3）工量具：汽车通用诊断仪（一台）、大众汽车专用诊断仪（一台）、常用工具（一套）、防护用品等。

（4）耗材：线束等。

（5）维修资料等。

2. 操作要点

（1）注意车辆和个人的防护。

（2）遵守场地安全规定，注意用电安全。

（3）严禁用力拉扯线束，正确连接、使用诊断仪等设备。

（4）在检测电控系统故障时，注意控制点火开关和发动机的状态。

（5）利用诊断仪进行执行元件测试时，注意听元件动作的声音，从而帮助判断、分析故障部位。

（6）故障排除后，应该及时利用诊断仪清除故障码，并起动发动机运转一会儿，确认故障是否真正排除。

任务实施

大众汽车使用的诊断仪为 VAS6150 系列，包括 VAS6150、VAS6150A、VAS6150B、VAS6150C。检测仪的全称是 Vehicle diagnostic，measuring and information system，含义为车辆诊断、测量和信息系统，使用的是工业笔记本式计算机，安装 Windows XP、Win 7 系统，具备车辆自诊断和功能导航功能，与 VAS6356 连接后具有电子检测功能。

1. 非车载诊断信息系统（ODIS）

大众汽车最新的诊断系统为 ODIS（Offboard Diagnostic Information System），含义为非车载诊断信息系统。ODIS 能够提供灵活的故障诊断查询、清晰的测量数据显示、更方便的诊断入口。ODIS 的核心优势是通过高效的诊断流程实现更高的维修质量和更低的维修成本。该系统支持的车辆品牌包括大众、斯柯达、西亚特、本特利、奥迪、兰博基尼等。ODIS 功能如图 5-12 所示。

ODIS 的具体功能如下。

（1）车辆自诊断功能：可以实现读取、清除故障码；执行元件诊断、编码等。

（2）测试工具功能：集成了万用表和示波器功能，可以通过连接 VAS6356 测量电压、电流、电阻和波形。

（3）功能导航：允许在进行车辆识别之后执行相应的功能检查，不同的系统有独立的功能导航。

（4）引导型故障查询：该功能引导操作者从确定车辆的故障现象到找出症结所在，最后将其排除。

ODIS界面(图标，帮助，按钮，...)

扩展车辆信息 | 辅助车辆信息 | 维修历史记录 | 维修手册 | 召回 | 电路图 | 任务委托单处理流程/扩展 | 技术解决方案 | 基于症状的诊断 | 刷新/控制器编码 | 车辆网络规划控制器识别 | 测试计划的生成 | 引导型故障查询 | 高级功能 | 控制器功能 | 测试技术 | 发送诊断记录报告 | 系统/数据升级 | 反馈

信息　　　　　　　　　　　诊断　　　　　　测试工具

| 颜色表示 | ⇒ | 离线，不需要Elsa Pro | 离线，可与Elsa Pro结合使用 | 只能使用Elsa Pro | 只能在线实现功能 | 需要在线 |

□ 绿色虚线方框内ODIS系统中与诊断相关的模块内容。

□ 黄色虚线方框内的部分信息模块内容(如：维修手册部分)，SVW已采用与德国大众相同的编制标准。

图 5-12　ODIS 功能框图

2. 故障诊断流程

下面以"发动机故障灯亮"故障为例,说明通过诊断仪进行故障诊断的过程。发动机故障灯亮的故障诊断流程如图 5-13 所示。

起动机正常运转，但故障指示灯常

开始

检查DTC，是否存在于DTC —— 否 —— 更换仪表或检查相关线路

是

检查数据流，读取相关异常数据

查阅维修手册，该故障码的相关说明

根据说明制定检查方案

按方案逐步排查故障点

查找到故障原因

故障排除

图 5-13　"发动机故障灯亮"诊断流程

使用诊断仪对其进行诊断的具体操作步骤如下。

（1）查找诊断接口。诊断接口的具体位置没有统一的标准，其布置一般遵循以下原则：以驾驶人为中心，半径为 0.5m，驾驶人伸手就可以接触到的范围内。一般按照：转向盘左下方熔断丝盒（A 区域）→转向盘下方转向柱（B 区域）→换挡杆前方（C 区域）→中央扶手箱内（D 区域）的顺序进行查找，如图 5-14 所示。一汽—大众迈腾的 OBD 汽车诊断接口位置在转向盘柱下面，制动器的左上方，如图 5-15 所示。

图 5-14　诊断接口的位置

图 5-15　一汽—大众迈腾轿车
诊断接口位置

（2）使用诊断连接线或具有蓝牙功能的连接装置插接到诊断接口上，并连接 VAS6150 诊断仪，如图 5-16、图 5-17 所示。

（3）打开点火开关，起动诊断系统，选择车型、VIN 号码后，根据故障现象选择发动机电控系统，进入发动机电脑 J643，如图 5-18、图 5-19 所示。

图 5-16　大众专用诊断仪

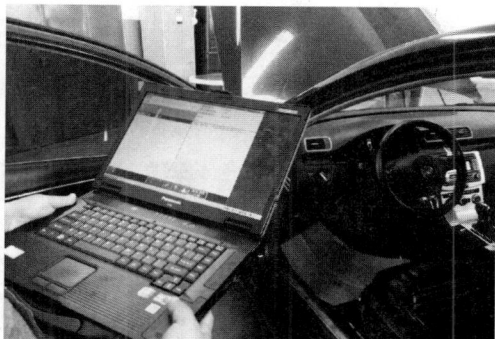

图 5-17　使用蓝牙诊断装置连接诊断仪

（4）读取故障码，根据故障码和故障提示进行相关部件的检查（图 5-20、图 5-21）。必要时可以通过查看动态数据流、执行元件测试等操作帮助分析和检查。

（5）对电控系统进行检查、测试和维修后，起动发动机，观察发动机故障灯是否熄灭。如果熄灭，则利用诊断仪清除故障码后完成任务。

（6）如果发动机故障灯仍然亮起，则可以利用诊断仪进行引导型故障诊断，确定故障部位并排除。

图 5-18 ODIS 引导主界面

图 5-19 车型确认界面

图 5-20 控制系统选择

图 5-21　读取的发动机故障码

任务小结

（1）车载自诊断系统（OBD）能在汽车运行过程中实时监测发动机等电控系统的工作状况，如发现工作异常，则一方面将故章以 DTC 代码形式存储在系统内的存储器上；另一方面，点亮发动机 MIL 故障灯等以提醒驾驶人及时检修系统。

（2）汽车诊断接口 DLC 是符合 OBD 标准的 16 针梯形接口，配合诊断仪可以实现汽车电控系统的故障自诊断，方便维修人员进行故障诊断与排除，从而使汽车处在良好的状态运行。

（3）诊断接口的具体位置，没有统一的标准，其布置一般遵循以下原则：以驾驶人为中心，半径为 0.5m，驾驶人伸手就可以接触到的范围内。一般按照：转向盘左下方熔断丝盒（位置 1）→换挡杆前方（位置 2）→中央扶手箱内（位置 3）→前排乘员侧杂物盒（位置 4）的顺序进行查找。

（4）汽车诊断仪是汽车维修的重要工具，分为专用诊断仪和通用诊断仪，能够实现读取故障码、清除故障码、动态数据测试、执行元件测试、参数设置等功能，配合测量装置还可以实现万用表、动态波形显示等功能。

（5）在汽车诊断仪使用过程中，要注意遵守安全操作规程和 5S 管理，做好车辆的防护，按照诊断仪的提示规范操作。

子任务 3　维护周期的复位

任务描述

车主李先生反映，前两天刚在汽车 4S 店维护过车辆，但发现仪表板上有个灯还一直亮，不知道是什么原因，只能来汽车 4S 店求助。技术人员对汽车进行检查后，发现是维护提示灯常亮。

大众迈腾轿车组合仪表板集成了维护提示功能,车辆行驶到规定的维护里程或时间后,会通过组合仪表板上的信号灯和文字提醒驾驶人及时对车辆进行维护。当点火开关在 ON 位置,显示屏上的"SERVICE"标志闪烁,而起动发动机后标志消失,表明该车应进行维护。维护后应该及时进行维护灯归零操作,否则,维护提示灯"SERVICE"会在汽车行驶时一直亮起。

学习目标

(1)能理解维护提示信息的含义;
(2)熟悉手动维护周期恢复的功能与操作;
(3)能使用诊断仪对汽车维护周期进行恢复设置;
(4)会运用所学知识和经验,为客户提供汽车维护的建议;
(5)具备信息查询和手册使用的基本能力;
(6)能够按照企业 5S 要求和安全生产规范进行操作;
(7)能与同学密切合作,规范安全地完成学习活动;
(8)养成自主学习的习惯,培养操作规范的工作作风及环保意识。
建议学时:4 学时。

知识准备

维护周期提示灯用来提醒驾驶人,按照汽车生产厂商规定的维护周期进行汽车的维护。一般汽车仪表显示屏上的"SERVICE"标志为维护周期提示标志,其工作状态分为三种。

一、维护即将到期

打开点火开关时,仪表显示维护提示信息。无文本信息显示功能的轿车,组合仪表会显示"扳手"符号和"km",显示的千米数相当于距离下次规定维护可行驶的距离。数秒后显示器切换显示内容,显示时钟符号和距下次规定维护的天数。有文本信息显示功能的车辆,其组合仪表显示字符"Service in ＿＿＿ km or ＿＿＿ days(距离下次维护＿＿＿ km 或＿＿＿天)"。

二、维护到期

打开点火开关时,系统将发出声音提示信号,显示器显示"扳手"符号数秒。有文本信息显示功能的车辆,其组合仪表显示字符"Service now(立即维护)"。

三、维护超期

超过规定的维护期限时,仪表显示负的超期行驶里程。有文本信息显示功能的车辆,其组合仪表显示字符"Service in ＿＿＿ km or ＿＿＿ days(距离下次维护＿＿＿ km 或＿＿＿天)"。

操作指引

1. 组织方式

(1)场地设施:装有废气抽排系统和消防设施的场地。

(2)设备设施:一汽—大众迈腾轿车。

(3)工量具:大众汽车专用诊断仪(一台)、常用工具(一套)、防护用品等。

(4)耗材:一次性防护用品等。

(5)维修资料等。

2. 操作要点

(1)注意车辆和个人的防护。

(2)遵守场地安全规定,注意用电安全。

(3)正确连接、使用诊断仪等设备。

(4)在进行维护周期复位时,注意控制点火开关和发动机的状态。

(5)维护周期复位操作应该在汽车维护完成后进行。

(6)保持车内外干净,遵守现场 5S 管理。

任务实施

维护周期的手动复位可以通过以下方式进行。

1. 调取汽车维护信息

打开点火开关,发动机处于运转或静止时均可调出汽车的维护提示信息。具体有以下两种方法:

(1)按压组合仪表中的按钮,直至显示器显示扳手符号。

(2)选择 Setting(设置)菜单,在 Service(服务)子菜单里选择 Info(信息)子菜单项。

此时,显示屏就会显示汽车的维护信息与状态,如图 5-22 所示。

2. 手动恢复维护周期的方式

对于不同配置的车型,维护里程归零的操作方式有所区别。

(1)对于液晶屏具有文本显示功能的车型,如图 5-23 所示,可以通过多功能转向盘或者刮水器控制柄上的开关配合 ok/reset 按键,通过以下步骤实现。

a)按钮设置

b)仪表板显示信息

图 5-22　按钮设置与仪表板显示

图 5-23　按钮设置

①选择 Setting(设置)菜单。

②在 Service(服务)子菜单里选择 Reset(重置)菜单键。

③按压"OK"键确认维护里程归零。

图 5-24　仪表板设置界面

(2)对于无文本显示功能的车型,操作步骤如下:

①关闭点火开关。

②按住 0.0/SET 按钮。

③打开点火开关。

④松开 0.0/SET 按钮,并在 20s 内按压 按钮,如图 5-24 所示。

此外,维护周期的归零和维护里程设置也可以通过专用诊断仪完成。

任务小结

(1)维护周期提示灯用来提醒驾驶人,按照汽车生产厂商规定的维护周期进行汽车的维护。一般汽车仪表显示屏上的"SERVICE"标志为维护周期提示标志,其工作状态分为维护即将到期、立即维护和维护超期三种。

(2)汽车维护后,一般需要对维护周期进行复位,也称为维护周期归零。一般通过手动操作完成。一汽—大众迈腾汽车的维护周期复位具体操作方式为:通过依次选择 Setting—

Service—Reset—OK 子菜单按钮完成或按住 0.0/SET 按钮并配合操作点火开关完成。

（3）汽车在使用过程中,应该按照厂商规定的维护周期进行定期维护,确保汽车始终处于较好的技术状况。

子任务4　灯光、仪表系统的检查

任务描述

车主王先生反映,自己的迈腾轿车前照灯远光不亮,组合仪表上也没有任何指示,来到4S店要求给予维修。需要对该车的灯光系统进行检测,确定故障部位,并进行维修。

车辆的照明系统用以照明道路、标示车辆宽度、照明车厢内部、指示仪表以及夜间车辆检修,而车辆的信号系统能在汽车转弯、制动、会车、停车、倒车等工况下,以警示行人和其他车辆,如果出现问题,会影响汽车行驶的安全,因此需要立即对该车的灯光系统进行检修。

学习目标

（1）能够描述灯光系统的组成及作用;

（2）能够描述仪表系统的组成及作用;

（3）能够描述前照灯的分类及各自的优缺点;

（4）能够描述前照灯光束检查的几种方法;

（5）能够描述仪表系统中各警告灯、指示灯的含义及相应的措施;

（6）能够看懂并分析灯光、仪表系统电路图;

（7）具备查询维修手册和使用手册的基本能力;

（8）能够按照企业5S要求和安全生产规范进行操作;

（9）能与同学密切合作,规范安全地完成学习活动;

（10）养成自主学习的习惯,培养操作规范的工作作风及环保意识。

建议学时:4 学时。

知识准备

一、照明及信号系统

汽车照明系统的作用是用以照明道路、标示车辆宽度、照明车厢内部、指示仪表以及夜间车辆检修。汽车照明系统按安装位置及用途可分为车外照明装置和车内照明装置。

1. 车外照明装置

车外照明装置包括前照灯(包括示宽灯)、雾灯、牌照灯、倒车灯等,如图 5-25 所示。

雾灯　　前照灯　　　　　　　　　　　　　　　　　牌照灯

图 5-25　车外照明装置

前照灯位于汽车头部两侧,也称前大灯,用于夜间或光线较暗情况下汽车行驶时道路照明。国家标准规定汽车前照灯必须具备远光和近光两种照明方式,并通过变光开关转换。

雾灯位于车头和车尾,安装在车头的雾灯称为前雾灯,安装在车尾的雾灯称为后雾灯。雾灯用于雾天、暴雨、下雪或沙尘弥漫等情况下汽车行驶的照明。通常雾灯光色为黄色,黄色光波较长,穿透性好。

牌照灯位于汽车后牌照的上方或两侧,用于汽车夜间行驶时牌照的照明,其亮度应保证在 25m 以外能认清牌照号码。

倒车灯位于汽车尾部,用于夜间汽车倒车时照明后方,通常能照亮车后 10m 的距离。倒车灯也兼倒车信号灯。

2. 车内照明装置

车内照明装置包括仪表灯、顶灯、行李舱灯、阅读灯、工作灯等,如图 5-26 所示。

仪表灯　顶灯　　　　　阅读灯　　　行李舱灯

工作灯

图 5-26　车内照明装置

仪表灯位于仪表板内,用于汽车仪表的照明,便于光线较暗时驾驶人观察仪表。

顶灯位于驾驶室或车厢顶部,又称室内灯,用于室内照明,如图 5-27 所示。

一般汽车车内顶灯都具有自动点亮或关闭的功能,车内顶灯自动点亮或关闭的条件是:

进入汽车:汽车一解锁或车门一打开,顶灯亮,车门关闭 30s 后或点火开关打开时,顶灯熄灭。

离开汽车:点火钥匙拔出或车门打开,顶灯亮(延时 30s 左右);所有车门都关闭,30s 后顶灯熄灭或汽车锁止,立即熄灭。

行李舱灯位于行李舱内,用于夜间行李舱的照明。

工作灯位于发动机舱内,用于夜间临时汽车检修照明。

图 5-27　车内顶灯
1-车内顶灯;2-阅读灯

3. 信号系统

汽车信号系统的作用是在转弯、制动、会车、停车、倒车等工况下,以警示行人和其他车辆。汽车信号系统包括转向信号灯、制动信号灯、倒车信号灯、STOP 停止灯、第三制动灯等,如图 5-28 所示为车辆前部和后部的照明和信号灯光系统。

a)前部灯光　　　　　　　　　　　　　　　　b)后部灯光

图 5-28　照明与信号系统
1-转向灯;2-远光灯;3-近光灯;4-位置灯;5-前雾灯;6-位置灯;7-倒车灯;8-转向灯;9-制动灯;10-后雾灯

二、仪表系统

汽车仪表系统的作用是使驾驶人能够清晰地了解汽车及各系统的工作情况,以便更好地驾驶车辆。仪表系统一般由发动机转速表、冷却液温度表、显示器、车速表、燃油表、特殊按键以及显示车辆各种信息的显示器等组成,图 5-29 所示为迈腾轿车组合仪表系统。

其中车速表起到指示汽车行驶速度和记录汽车行驶总里程的功能,它由用来指示汽车行驶速度的车速表和记录汽车行驶总里程的里程表组成,安装在仪表板内,一般有机械式和电子式两种,像迈腾轿车一样现在车辆大部分采用的是电子式的。

发动机转速表的作用是显示发动机转速,表盘上红色区域的始点为发动机最高允许转速,发动机经正确磨合后并达到工作温度时方可以此最高允许转速运转。指针到达红色区域前应将变速杆挂入临近高挡或将变速杆移入挡位 D。一般情况下,行驶时切勿让指针持续处于发动机转速表表盘的红色区域,否则,有损坏发动机的风险。

图 5-29　迈腾轿车组合仪表系统
1-时钟调整按钮;2-发动机转速表;3-冷却液温度表;4-显示器;5-车速表;6-燃油表;7-单程里程复位按钮

单程里程记录器复位按钮可将单程里程记录器清零,只需按压该按钮就可以实现。

燃油表显示油箱剩余燃油量,当燃油表亮起时表示燃油箱里即将无油,轿车使用备用燃油行驶,驾驶人应立即加油。燃油箱里的燃油油位过低,行驶途中可能导致轿车突然抛锚,引发伤亡事故,油位过低时可能导致发动机燃油系统不规则供油,轿车沿山路上下坡行驶时尤其容易熄火。

冷却液温度表用来显示发动机冷却液的温度,正常行驶条件下,指针应处于表盘中央,发动机大负荷运转时(尤其在环境温度较高时)指针可能向右偏转。如果冷却液温度警报灯亮起,安全起见,必须尽快停车。关闭发动机,等发动机完全冷却,指针返回正常温度区,再检查冷却液液位。图 5-30 所示为迈腾轿车冷却液温度表。

图 5-30　迈腾轿车组合仪表上的冷却液温度表
A-低温区;B-正常温度区;C-警报温度区

组合仪表上还会出现许多警报灯或者指示灯来告知驾驶人相关信息。组合仪表上的警报灯或指示灯用于对车辆状态发出警报,或提示轿车存在故障,或指示轿车各种功能。打开点火开关时某些警报灯或者指示灯将点亮,一旦发动机开始运转或轿车开始行驶,警报灯或指示灯应熄灭。根据车辆的配置,组合仪表显示器还可能显示相关文本信息,具体说明轿车所处状态或要求驾驶人执行某些操作。车辆在行驶时需要时刻注意观察警报灯和显示屏上显示的文本信息,并按要求进行相关操作,否则,可能导致车辆抛锚,引发事故,致伤人员。表 5-3 为迈腾轿车显示的部分警报灯或指示灯代表的含义。

迈腾轿车部分警报灯或指示灯迈腾轿车部分警报灯或指示灯　　　　　　　　　　　　　　　　　　表 5-3

⚠	●切勿继续行驶,立即停车! 电子驻车制动器处于打开状态,制动液液位过低或制动系统发生故障	后雾灯处于打开状态	
		前雾灯处于打开状态	
	●不得继续行驶! 发动机冷却系统存在故障	点亮:轿车照明系统部分或全部不工作	
		闪亮:弯道照明系统存在故障	
	●切勿继续行驶,立即停车! 发动机机油压力过低	催化转化器存在故障	
		EPC 发动机管理系统存在故障	
	●切勿继续行驶,立即停车! 至少一个车门处于打开状态或未正确关闭	转向机构存在故障	
		轮胎监控系统存在故障或轮胎气压偏低	
	●切勿继续行驶,立即停车! 发动机罩处于打开状态或未正确关闭	风窗清洗液液位过低	
		燃油箱内几乎无燃油	
	●切勿继续行驶,立即停车! 行李舱盖处于打开状态或未正确关闭	闪亮:发动机润滑系统存在故障	
		点亮:发动机机油油位过低	
	●切勿继续行驶,立即停车! 转向机构存在故障	安全气囊和安全带张紧系统存在故障	
	施加制动! 预碰撞安全系统(Front Assist)发出撞车警报	预碰撞安全系统(Front Assist)存在故障,未进入工作状态	
	驾驶人或前排乘员未系安全带	打开左侧或右侧转向信号灯	
		危险警报灯处于打开状态	
	施加行车制动!	施加行车制动	
	发电机发生故障	巡航控制系统正在控制车速	
	DSG* 双离合器变速器过热	自适应巡航系统(ACC)处于打开状态	

三、前照灯

前面讲过,前照灯位于汽车头部两侧,用于夜间或光线较暗情况下汽车行驶时道路照明。

1. 对前照灯的基本要求

(1)应能保证车前有明亮而又均匀的照明,使驾驶人能够看清车前方 100m 以上路面上的物体。随着汽车行驶速度的不断提高,要求道路照明的距离也越来越远。

(2)前照灯应具有防炫目的功能,避免夜间会车时不使对方驾驶人炫目。

2. 前照灯类型

前照灯保证了汽车能够在夜间正常行驶,而为了使汽车在夜间行驶更有保障,前照灯的光源被不断优化,汽车的前照灯按照其光源的不同可分为白炽灯、卤素灯、氙气灯、LED 灯、激光灯等类型。随着汽车技术的不断发展,过去那种白炽真空灯已先后被淘汰。现在汽车的前照灯以卤素灯、氙气灯、LED 灯为主,如图 5-31 所示。

早期的汽车使用过煤油灯和乙炔灯,随着电灯的发展,白炽灯代替了乙炔灯,而目前汽车使用的卤素灯诞生于 1960 年,卤素前照灯其实就是白炽灯的升级版,在白炽灯中加入卤族元素的应用,能使得白炽灯的亮度提高 1.5 倍,同时使用寿命也是普通白炽灯的 2 ~ 3 倍。为了提高白炽灯的发光效率,提高了钨丝的温度,但相应会造成钨的升华,并凝华在玻璃壳上使之发黑。在白炽灯中充入卤族元素或卤化物,利用卤钨循环的原理可以消除白炽灯的玻壳发黑现象。

图 5-31 前照灯类型及发展历程

20 世纪 90 年代,车灯制造商海拉将技术成熟的氙气车灯推向市场。氙气灯打破了爱迪生发明的钨丝发光原理,在石英灯管内填充高压惰性气体,取代传统的灯丝,以 23000V 高压电流刺激氙气发光,在两极间形成完美的白色电弧。氙气车灯亮度是卤素灯的 3 倍,能耗是其一半,使用寿命是卤素灯的 7 倍。灯光效果对比如图 5-32 所示。

a)卤素前照灯

b)氙气前照灯

图 5-32 灯光效果对比

LED 前照灯指采用白色 LED 的汽车前照灯,它是在 2007 年首次在汽车上装配配备。LED 前照灯寿命长达 1 万 h,点亮所需时间不超过 0.1s,功耗也更低,近年来已经得到广泛应用。

汽车激光前照灯是 LED 前照灯之后的又一大发明,宝马公司已经在 2014 年新款 X5 高配版上使用激光前照灯。激光前照灯的原理是激光二极管(Laser Diode)发射的蓝光灯贯穿前照灯单元内的荧光粉材料,将其转换成一个扩散的白光,明亮的同时对眼睛也更加友好。它具有比 LED 前照灯更佳的发光强度、发光效率、相应时间,能耗也更低,如图 5-33 所示。

a)LED前照灯　　　　　　　　　　　　　b)激光前照灯

图 5-33　新型前照灯

3. 前照灯的基本结构

前照灯的光学系统包括灯泡、反射镜和配光镜,如图 5-34 所示。

1)灯泡

前文提过,前照灯的灯泡主要有白炽灯泡、卤素灯泡、氙气灯、LED 灯等几种。普通前照灯灯泡的灯丝是由钨丝制成的,因钨丝在使用时易蒸发损耗,使灯泡的使用寿命缩短,一般将玻璃泡中的空气抽出,充入惰性气体或卤族元素。若充入的气体为惰性气体,称为白炽灯泡。若充入的惰性气体中含有卤素元素,称为卤素灯泡,图 5-35 所示普通前照灯灯泡的结构。

图 5-34　前照灯结构

a)白炽灯泡　　　　　　　　　　　　　b)卤钨灯泡

图 5-35　灯泡结构

2)反射镜

反射镜又称反光镜,其作用是将灯泡发出的散光聚合成强光束,以增加照明距离。反射镜为旋转抛物面,其内表面多采用真空镀铝后抛光。由于灯泡发出的光亮度有限,若无反射镜,只能照明车前数米的距离。将灯丝置于反射镜的焦点上,灯丝大部分光线经反射成为平行光束射出,其距离可达 150m 或更远,且使亮度增强,而其他光线直接向前散射,其中向侧方和下方散射的光线可照明车前 10m 左右。图 5-36 所示为反射镜及其反射原理。

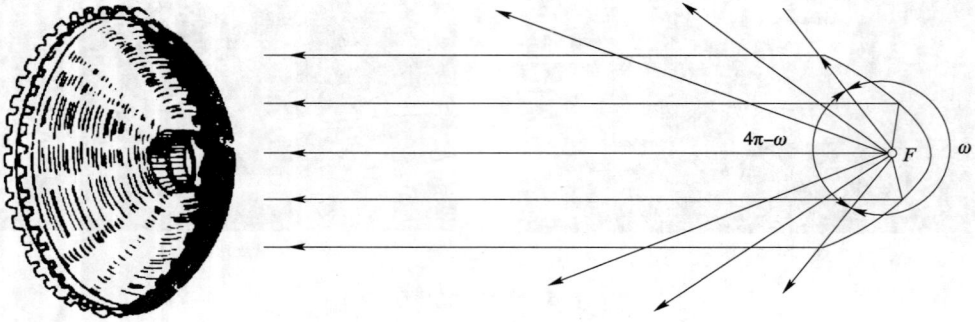

图 5-36　反射镜及反射原理

3）配光镜

配光镜也称散射玻璃,它是由透明玻璃压制而成的棱镜和透镜的组合体。配光镜安装在反射镜前,可将反射光束扩散分配,使照明均匀,图 5-37 所示为配光镜及其光束分配示意图。其中实线为未使用配光镜的光束分布情况,虚线为使用配光镜的光束分布情况。

图 5-37　配光镜及光束分配示意图

4. 前照灯的防炫目措施

1）采用双丝灯泡

前照灯通常采用双丝灯泡,一个灯丝为远光灯丝,位于反射镜的焦点,射出的光线远而亮;一个灯丝为近光灯丝,位于反射镜焦点的上方或前方,射出的光线大部分向下倾斜,且光线较弱,可防炫目。我国交通法规规定,夜间会车时,须在距对面来车 150m 以外互相关闭远光,使用近光。

2）设置遮光罩

在双丝灯泡的近光灯丝下设置遮光罩（也称配光屏）,当近光灯丝发光时,近光灯丝下方的光线被遮住,消除了向上的反射光线,而远光灯丝发光时,遮光罩不起作用。

3）采用合理的配光光形

前照灯近光配光光形有对称形配光、E 形非对称形配光（防炫目效果较好,目前绝大部分前照灯采用这种配光光性）和 Z 形非对称配光（可以使对面的驾驶人和行人不炫目,是一种优良的配光光形）。

四、前照灯的控制

前照灯的控制部件包括灯光开关、变光开关、前照灯继电器等。

1. 灯光开关

灯光开关有拉钮式、旋转式和组合式等形式。通常采用组合开关,将前照灯、小灯(前位灯、尾灯、仪表灯、牌照灯)、转向信号灯及变光等开关制成一体,安装在转向盘左下方的转向柱上。组合开关操纵杆端部旋钮有三个位置,转动旋钮,可依次接通小灯和前照灯。

2. 变光开关

变光开关的作用是变换前照灯的近光和远光。变光开关串接在前照灯电路中。将组合开关操纵杆端部旋钮置于前照灯位置,拨动操纵杆可使前照灯变光(近光与远光变换)。图 5-38 所示为某车的车灯组合开关。

图 5-38　组合式车灯开关操纵杆

3. 前照灯继电器

前照灯工作电流较大,如用灯光开关直接控制前照灯,灯光开关易烧坏,因此,在前照灯电路中设有前照灯继电器。如图 5-39 所示,前照灯继电器 SW 端子接灯光开关,E 端子搭铁,B 端子接电源,L 端子接变光开关。当接通灯光开关(前照灯位置),继电器线圈通电,触点闭合,通过变光开关向前照灯供电。

图 5-39　前照灯继电器

现在有些车辆已经用电脑控制代替了继电器控制。图 5-40 所示为迈腾轿车车灯开关及前照灯控制电路。由电路图可以看出,灯光的控制直接由电脑完成。

车灯开关，开关和仪表照明调节器，车载电网控制单元

E1　车灯开关
E7　前雾灯开关
E18　后雾灯开关
E20　开关和仪表照明调节器
J519　车载电网控制单元
L9　前照灯开关C上的照明灯泡
SC2　熔断丝架C上的熔断丝2
SC13　熔断丝架C上的熔断丝13
T8g　8芯插头连接
T10j　10芯插头连接
T52a　52芯插头连接
T52b　52芯插头连接
T52c　52芯插头连接

⑳238　搭铁连接1在车内导线束中
㉔249　搭铁连接2在车内导线束中
㘲639　搭铁点，在左侧A柱上
Ⓑ287　正极连接11(15a)，在主导线束中
Ⓑ331　正极连接17(30a)，在主导线束中
Ⓑ341　连接2(58d)，在主导线束中

*　截至2011年9月
*2　自2011年10月起

ws =	白色	gn =	绿色
sw =	黑色	bl =	蓝色
ro =	红色	gr =	灰色
br =	褐色	li =	淡紫色
		ge =	黄色
		or =	橘黄色
		rs =	粉红色

图5-40　迈腾轿车车灯开关及前照灯控制电路

4. 迈腾轿车前照灯的控制

如图 5-41 所示为迈腾轿车的信号转向灯及远光操纵杆。其中 1 代表打开右侧转向信号灯;关闭点火开关后将操纵杆从中间位置上拨即可打开右侧驻车灯。2 代表打开左侧转向信号灯;关闭点火开关后将操纵杆从中间位置下拨即可打开左侧驻车灯。3 代表打开和关闭前照灯远光,打开前照灯远光时组合仪表上的远光指示灯随即点亮。4 代表操作前照灯闪光器,该位置具有自动回位功能。

需要注意的是,打开点火开关后转向信号灯方能工作;关闭点火开关后危险警报灯仍可工作;如迈腾轿车转向信号灯失效,相应一侧的转向信号指示灯的闪烁频率加快一倍;打开近光前照灯后方能打开远光前照灯。

图 5-41　迈腾轿车转向信号灯/远光操纵杆

如图 5-42 所示为迈腾轿车的车灯开关,根据配备不同有三种开关形式,将车灯开关拧至相应位置即可打开相应车灯,将车灯开关拉出至一挡即可打开前雾灯,拉出到头可打开后雾灯,按压车灯开关或将车灯开关拧至位置"0"即可关闭雾灯。

图 5-42　迈腾轿车车灯开关

五、前照灯的使用与维护

1. 前照灯的正确使用方法

(1)应注意前照灯的密封,防止水及灰尘进入,以免污染反射镜。

(2)前照灯的光学组件要配套,不要随意更换不同功率的灯泡。

(3)前照灯安装要牢固。

2. 前照灯的维护

(1)清洗前照灯的配光玻璃表面灰尘,并用抹布擦干。

(2)检查前照灯的配光玻璃是否破裂。如果有,则更换前照灯;检查前照灯安装是否牢固。如果有松动,则予以紧固。

(3)检查两侧前照灯的远光或近光是否同时点亮,远光、近光变换是否正常。如果前照灯工作异常,则予以检修。

(4)检查前照灯的近光束照射位置可使用屏幕检查法或检验仪检查法进行检查。检查时,场地应平整,轮胎气压正常,汽车空载(允许乘坐一名驾驶人),蓄电池电量充足,前照灯安装牢固。

图 5-43 所示为前照灯光束的屏幕检查法,汽车停在前照灯距幕布 L(一般为 10m)正前方。两前照灯应分别进行检查,盖住一侧前照灯,检查另一侧前照灯的光束明暗截止线转角或中点是否落在幕布 a 或 b 点上,左、右差不得大于 100mm,且明暗截止线应重合。如果不符合要求,则予以调整。除此之外还有检测仪检测法。

图 5-43 屏幕检查法

3. 前照灯的常见故障

前照灯常见故障有前照灯不亮、亮度降低和灯泡频繁烧坏。

1)前照灯不亮

前照灯不亮包括两侧前照灯远光、近光均不亮;两侧前照灯远光或近光均不亮;一侧前照灯远光、近光均不亮;一侧前照灯远光或近光不亮等。引起前照灯不亮的主要原因有灯泡损坏、熔断丝断开、开关或继电器损坏及线路故障等。

2)前照灯亮度降低

前照灯亮度不够,通常是由蓄电池电量不足或发电机及调节器故障引起的。此外,导线连接松动或接触不良、导线过细或搭铁不良、反射镜有尘垢、灯泡发黑、灯泡功率过小等也可导致灯光暗淡。

3)灯泡频繁烧坏

灯泡频繁烧坏一般是因电压调节器损坏,使发电机输出电压过高造成的。此外,灯座与导线连接松动,也有可能造成灯泡频繁烧坏。清洗前照灯的配光镜表面灰尘,并用抹布擦干。

4)前照灯检查流程

图 5-44 所示为前照灯常见故障的检查流程,在检查过程中需要查找相应的电路图,拆装需遵守相应的工艺文件。

图5-44　前照灯常见故障检查流程

操作指引

1.组织方式

(1)场地设施:装有汽车尾气排放系统的场地。

(2)设备设施:一汽—大众迈腾轿车、一汽—大众专用诊断仪、汽车防护用品。

(3)工量具:万用表、常用工具一套、手套、防护用品等。

(4)耗材:开关、前照灯继电器、灯泡、熔断丝、抹布等。

(5)维修手册:迈腾轿车电路图、迈腾轿车维修手册、迈腾轿车使用手册。

2.操作要点

(1)正确使用车辆,需要注意车辆和个人的安全防护。

(2)遵守场地安全规定,注意用电安全。

(3)正确使用拆卸前组合前照灯的专用及通用工量具。

(4)在前照灯断开插接器、检查熔断器或者继电器前,需首先关闭点火开关并断开蓄电池。

(5)拆装前照灯插接器时,需观察其连接方式,注意防止插接器的损坏。

(6)拆卸、安装时需要对车身做相应的防护,并安装到位。

（7）注意废物回收。

📚 任务实施

以一汽—大众迈腾轿车为例进行任务实施。

1. 观察迈腾轿车的灯光系统

（1）进行实车对照，了解前照灯中各个灯的位置，并记录。

（2）进行实车对照，了解尾灯中各个灯的位置，并记录。

（3）进行实车对照，了解车内中各个灯的位置及使用方法，并记录。

2. 灯光操纵开关的使用

（1）使用灯光开关，了解掌握灯光开关的含义及使用方法，并记录。

（2）使用转向信号灯/远光操纵杆，了解掌握转向信号灯/远光操纵杆的使用方法。

3. 熟悉仪表系统

结合迈腾轿车使用手册，熟悉仪表系统，并说明仪表系统警告灯和指示灯的含义，完成工作页。

4. 查找电路图

查找迈腾轿车的电路图（图 5-45），找到前照灯控制电路原理图，进行分析。

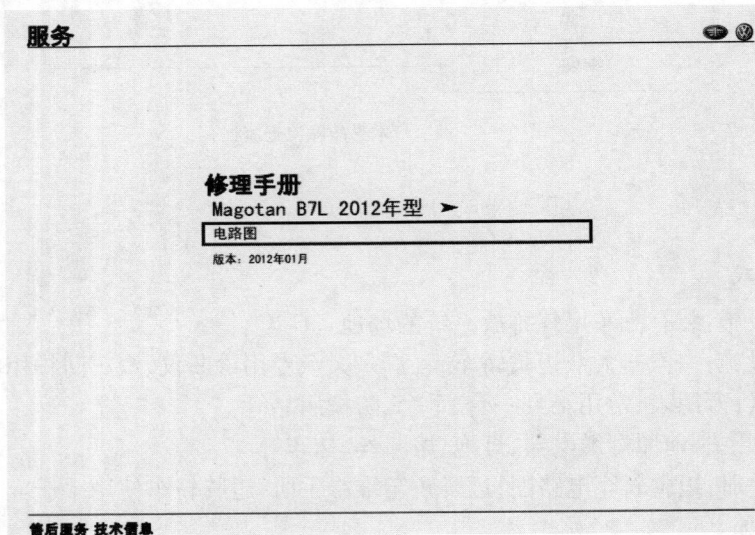

服务 ⊛

修理手册
Magotan B7L 2012年型 ➤
电路图
版本：2012年01月

售后服务 技术信息

图 5-45 电路图封面

5. 查找维修手册

查找迈腾轿车的维修手册，找到前照灯拆装方法，并制定工作计划。

6. 拆卸前照灯总成，找到故障点并排除

需按照由维修手册制定出的工作计划进行拆卸前照灯总成，并查找故障点，如需更换灯泡，需注意以下事项：

（1）更换灯泡时须留意发动机舱内前照灯壳体和组合尾灯壳体上的尖锐部件，防止被划伤。

（2）损坏的灯泡必须充分冷却后方可更换。

（3）注意手指不要触碰灯泡。否则，灯泡产生的热量会使手指上汗液蒸发，凝结在灯泡玻璃上，导致灯泡反光器"模糊不清"。

（4）更换灯泡后应检查灯泡是否能正常点亮。如灯泡不亮，则应检查是否灯泡未安装到位，检查连接插头是否未插紧，以及灯泡是否损坏。

7. 安装前照灯总成

根据维修手册，按照与拆卸相反的顺序重新安装前照灯总成。

任务小结

（1）汽车照明系统的作用是用以照明道路、标示车辆宽度、照明车厢内部、指示仪表以及夜间车辆检修。汽车信号系统的作用是在转弯、制动、会车、停车、倒车等工况下，以警示行人和其他车辆。汽车信号系统包括转向信号灯、制动信号灯、倒车信号灯、STOP 停止灯、第三制动灯等。汽车仪表系统的作用是使驾驶人能够清晰地了解汽车及各系统的工作情况，以便更好地驾驶车辆。

（2）前照灯的控制部件包括灯光开关、变光开关、前照灯继电器。

（3）对于迈腾轿车灯光不亮故障，应按照灯具—灯光开关—灯光控制开关—线路的思路进行排除。

附录 1　迈腾轿车定期维护计划

1. 换油维护

提示

如果在维护时发现故障,必须排除故障并告知客户。

- 询问客户是否需要:
- 新的刮水片。
- 添加 G 052 164 型挡风玻璃清洗液(清洁剂和防冻剂)。
- 检查急救箱的有效期截止日是否已过。
- 拆卸和安装发动机舱下部隔声垫。

维修各部位的操作顺序已经过检验和优化。因此为避免不必要的作业中断,必须遵守该顺序。

作业范围
－ 发动机机油:排出或吸出,更换机油滤清器
－ 前、后制动器摩擦片的厚度:检查
－ 发动机机油:添加;注意机油规格
－ 维护周期指示器:复位
－ 将下次维护项目填写在维护贴签上并贴在驾驶人侧的车门立柱(B 柱)上

2. 首次维护换油工作计划(5000km,针对装备 TSI 发动机车型)

提示

如果在维护时发现故障,必须排除故障并告知客户。

- 询问客户是否需要:
- 新的刮水片。
- 添加 G 052 164 型挡风玻璃清洗液(清洁剂和防冻剂)。
- 拆卸和安装发动机舱下部隔声垫。

维修各部位的操作顺序已经过检验和优化。因此为避免不必要的作业中断,必须遵守该顺序。

作业范围
－ 查询自诊断系统故障存储器
－ 目测检查发动机及发动机舱内的其他部件是否有泄漏或损坏(从上面)
－ 检查蓄电池固定情况,电眼颜色(免维护蓄电池无电眼检查蓄电池电压)
－ 检查制动液液位,必要时添加
－ 检查风窗清洗液液面高度,必要时添加清洗液
－ 检查冷却液液面高度及浓度(防冻能力),如必要,添加冷却液或调整浓度
－ 更换发动机机油及机油滤清器
－ 检查前、后制动摩擦片厚度
－ 检查所有轮胎(包括备胎)的花纹深度、磨损形态,清除轮胎上的异物
－ 目测检查车身底部防护层和底饰板是否破损
－ 目测检查制动系统是否有泄漏和损坏
－ 目测检查变速器,主减速器及等速万向节防护套有无泄漏或损坏(从下面)
－ 检查转向横拉杆球头的间隙,紧固程度及防尘套状况
－ 检查喷油嘴状态,必要时采取相应维修措施
－ 进行轮胎换位,按要求检查轮胎气压,必要时校正,检查车轮螺栓拧紧力矩
－ 润滑车门开度限位器
－ 加注燃油添加剂 G17
－ 维护周期指示器复位
－ 试车:检查行车制动器、电子驻车制动器,变速器,离合器,转向及空调等功能,查询故障存储器,终检

3. 定期维护计划(每行驶 1 万 km 或一年,针对装备 TSI 发动机车型)

提示

如果在维护时发现故障,必须排除故障并告知客户。

－ 询问客户是否需要:

● 新的刮水片。

● 添加 G 052 164 型挡风玻璃清洗液(清洁剂和防冻剂)。

－ 检查急救箱的有效期截止日是否已过。

－ 拆卸和安装发动机舱下部隔声垫。

维修各部位的操作顺序已经过检验和优化。因此为避免不必要的作业中断,必须遵守该顺序。

作业范围
– 查询自诊断系统故障存储器
– 目测检查发动机及发动机舱内的其他部件是否有泄漏或损坏(从上面)
– 检查蓄电池固定情况,电眼颜色(免维护蓄电池无电眼检查蓄电池电压)
– 检查制动液液位,必要时添加
– 检查风窗清洗液液面高度,必要时添加清洗液
– 检查冷却液液面高度及浓度(防冻能力),如必要,添加冷却液或调整浓度
– 更换发动机机油及机油滤清器
– 检查前、后制动摩擦片厚度
– 检查所有轮胎(包括备胎)的花纹深度、磨损形态,清除轮胎上的异物
– 目测检查车身底部防护层和底饰板是否破损
– 目测检查制动系统是否有泄漏和损坏
– 目测检查变速器,主减速器及等速万向节防护套有无泄漏或损坏(从下面)
– 检查转向横拉杆球头的间隙,紧固程度及防尘套状况
– 检查喷油嘴状态,必要时采取相应维修措施
– 进行轮胎换位,按要求检查轮胎气压,必要时校正,检查车轮螺栓拧紧力矩
– 润滑车门开度限位器
– 加注燃油添加剂 G17
– 检查安全气囊和安全带状态及安全气囊罩壳是否损坏
– 检查车内所有开关、车内照明、杂物箱照明、用电器、显示器和仪表各警报指示灯的功能
– 检查滑动天窗功能、清洗导轨并用专用润滑脂润滑
– 检查车外前部、后部、行李舱照明灯等所有灯光状态和闪烁报警装置、静态弯道行车灯、自动行车灯控制功能
– 检查风窗刮水器、清洗器及前照灯清洗装置功能,如必要,调整喷嘴
– 检查火花塞状态,必要时采取相应维修措施
– 清洗空气滤清器壳体,检查滤芯状态,必要时采取相应维修措施
– 粉尘及花粉过滤器:清洗外壳,检查滤芯状态,必要时采取相应维修措施
– 检查 DSG-6 挡/DSG-7 挡直接换挡变速器齿轮油油位,如必要,添加 DSG 变速器齿轮油
– 检查排气系统是否有泄漏或损坏及紧固程度
– 检查前照灯光束,如必要,调整前照灯光束
– 维护周期指示器复位
– 试车:检查行车制动器、电子驻车制动器,变速器,离合器,转向及空调等功能,查询故障存储器,终检

4. 与行驶里程或时间相关的附加作业(针对装备 TSI 发动机车型)

除了周期性维护或周期性检查之外,还要根据使用条件和车辆的配置进行其他必要的附加维护作业项目,以确保汽车的技术状况良好。具体附加作业项目如下。

首次 20000km 或 2 年,之后每 20000km 或每 2 年

附加工作
－ 更换火花塞
－ 更换空气滤清器滤芯,清洗壳体

首次 30000km 或 2 年,之后每 30000km 或每 2 年

附加工作
－ 粉尘及花粉过滤器:清洗外壳,更换滤芯
－ 检查多楔皮带的状态,必要时更换

首次 60000km 或 4 年,之后每 60000km 或每 4 年

附加工作
－ 更换燃油滤清器
－ 检查 DSG-7 挡直接换挡变速器齿轮油油质,必要时更换齿轮油
－ 更换 DSG-6 挡直接换挡变速器齿轮油和滤清器
－ 对带气体放电灯泡的前照灯(氙灯)进行基本设置

每 2 年

－ 更换制动液

5. 车辆移交前的检查

作业范围			
随车附件	1	发动机号、底盘号、车辆标牌是否清晰,是否与合格证号码相符
	2	核对随车文件(与上牌用相关文件)是否正确
车身外部	3	检查车身漆面、外饰件及前后风窗和车门玻璃是否完好
	4	检查行李舱开启功能及行李舱是否清洁,行李舱内工具是否齐全
	5	检查所有车钥匙的功能
	6	检查轮胎、轮辋状态,调整轮胎充气压力(包括备用车轮)至规定值
	7	以标准力矩校紧所有车轮螺栓
发动机舱	8	目视检查发动机舱中的部件有无渗漏及损伤
	9	检查冷却液液位(液位应在上限 MAX 及下限 MIN 之间)
	10	检查制动液液位(液位应在 MAX 及 MIN 之间)及相连接的管路
	11	检查蓄电池电压,校紧电极卡夹及熔断丝螺母
	12	检查发动机机油位,必要时添加机油,注意机油规格

续上表

作业范围			
车身内部	13	检查内饰各部位是否清洁	
	14	检查座椅及安全带功能	
	15	检查转向盘调整功能及加油口盖开启功能	
	16	检查车内照明灯、警报/指示灯、喇叭及前照灯调整功能(如有)	
	17	检查车窗升降器功能、车内中央门锁功能和外后视镜调整功能	
	18	检查收音机功能	
	19	检查天窗功能及车内后视镜防炫目功能	
	20	校准时钟	
	21	检查刮水器及清洗装置功能,必要时调整喷嘴(如有)	
车身底部	22	检查车身底板有无损伤及底盘管路是否完好	
	23	检查传动轴、转向系及万向节防尘套有无漏油或损伤	
	24	目视检查底盘可见螺母/螺栓是否缺失或明显松动	
其他	25	查询各电控单元故障存储,清除故障记忆	
	26	装上点烟器	
	27	静态试车	
	28	填写售前检查证明,并在指定位置加盖经销商 PDI 公章	

用户姓名	牌照号	底盘号	维护班组	行驶里程(km)	维护抽检日期

维护间隔		迈腾 B7L 轿车定期维护抽检项目单	合格	不合格	备注
10000km 或 1 年之后每 10000km 或每 1 年定期维护	10000km 或 1 年定期维护 5000km 首次维护	1. 查询自诊断系统故障存储器			
		2. 目测发动机及发动机舱内的其他部件是否有泄漏或损坏(从上面)			
		3. 检查蓄电池固定情况,电眼颜色(免维护蓄电池无电眼的检查蓄电池电玉)			
		4. 检查制动液液位,必要时添加			
		5. 检查风窗清洗液液面高度 必要时添加清洗液			
		6. 检查冷却液液面高度及浓度(防冻能力),如必要,添加冷却液或调整浓度			
		7. 更换发动机机油及机油滤清			
		8. 检查前,后制动摩擦衬块厚度			
		9. 检查所有轮胎(包括备胎)的花纹深度,磨损形态,清除轮胎上的异物			
		10. 目测检查车身底部防护层及底饰板是否破损			
		11. 目测检查制动系统是否有泄漏和损坏、			
		12. 目测检查变速器,主减速器及等速万向节防护套有无泄漏或损坏(从下面)			
		13. 检查转向横拉杆球头的间隙,紧固程度及防尘套状态			
		14. 检查喷油嘴状态,必要时采取相应维修措施			
		15. 进行轮胎换位,按要求检查轮胎气压,必要时校正,检查轮胎螺栓拧紧力矩			
		16. 润滑车门止动器			
		17. 加注燃油添加剂 G17			
		18. 维护周期指示器复位			
		19. 试车:检查行车制动器、驻车制动器,变速器,离合器,转向及空调等功能,查询故障存储器,终检			
		20. 检查安全气囊和安全带状态及安全气囊罩壳是否损坏			
		21. 检查车内所有开关、车内照明、用电器、显示器和仪表各警报指示灯的功能			
		22. 检查滑动天窗功能、清洗导轨并用专用润滑脂润滑			
		23. 检查车外前部、后部、行李舱照明灯等所有灯光状态和闪烁报警装置功能、静态弯道行车灯、自动行车灯控制功能			
		24. 检查风窗刮水器、清洗器及前照灯清洗装置功能,如必要,调整喷嘴			
		25. 检查火花塞状态,必要时采取相应的维修措施			
		26. 清洗空气滤清壳体,检查滤芯状态,必要时采取相应维修措施			
		27. 粉尘及花粉过滤器:清洗外壳,检查滤芯状态,必要时采取相应维修措施			
		28. 检查 DSG-6 挡直接换挡变速器齿轮油油位,如必要,添加 DSG 变速器齿轮油			
		29. 检查排气系统是否有泄漏或损坏及紧固程度			
		30. 检查前照灯光束,如必要,调整前照灯光束			

维护间隔	迈腾 B7L 轿车定期维护抽检项目单	合格	不合格	备注
其他维护项目	31. 更换火花塞（首次 20000km 或 2 年，之后每 20000km 或 2 年）			
	32. 更换空气滤清器滤芯，清洗壳体（首次 20000km 或 2 年，之后每 20000km 或 2 年）			
	33. 粉尘及花粉过滤器：清洗外壳，更换滤芯（首次 30000km 或 2 年，之后每 30000km 或 2 年）			
	34. 检查多楔带的状态（首次 30000km 或 2 年之后每 30000km 或 2 年），必要时更换			
	35. 更换燃油滤清器（首次 60000km 或 4 年，之后每 60000km 或每 4 年）			
	36. 更换 DSG-6 挡直接换挡变速器齿轮油和滤清器（首次 60000km 或 4 年，之后每 60000km 或每 4 年）			
	37. 对带气体放电灯泡的前照灯（氙灯）的进行基本设置（首次 60000km 或 4 年，之后每 60000km 或每 4 年）			
	38. 更换制动液（每 24 个月）			

轮胎及制动摩擦	轮胎气压(10^5Pa)			花纹深度	制动摩擦片磨损极限	灯光	良好	修复	发动机参数	数据	单位	故障码
	标准（半/满）	调整前	调整后	标准 >1.6mm	标准 >2mm（不计背板）	前照灯			怠速转速		r/min	发动机（ ）个消除
左前轮				□是 □否	□是 □否	驻车灯			冷却液温度		℃	变速器（ ）个消除
右前轮				□是 □否	□是 □否	前雾灯			喷油脉宽		ms	ABS（ ）个消除
左后轮				□是 □否	□是 □否	前转向灯			空气流量		g/s	空调（ ）个消除
右后轮				□是 □否	□是 □否	侧转向灯			进气压力		kPa	网关（ ）个消除
备胎				□是 □否	/	尾灯			节气门		%	气囊（ ）个消除
液面高度	不足	添加（L）	备注	皮带，不合格状态：裂纹，分层，齿带体断裂，必要时更换（ ）		后转向灯			总失火率		次	仪表（ ）个消除
冷却液		冰点（ ）℃				制动灯			前氧电压		V	防盗（ ）个消除
制动液				蓄电池，电眼（ ）色 空载电压（ ）V		倒车灯			后氧电压		V	舒适系统（ ）个消除
风窗清洗液				固定螺栓：紧固/松动/生锈—消除（ ）		后雾灯			032 组 1 区		%	（ ）个消除
				必要时使用专用仪器检测		牌照灯			032 组 2 区		%	（ ）个消除

抽检结果	合格： 项	不合格： 项	原因分析	
改进措施			考核措施	

维修技师：	抽检人员：	技术经理：	服务总监：

备注：此表格适用于装备 TSI 发动机的车型。

参 考 文 献

[1] 中华人民共和国国家标准. GB/T 18344—2001 汽车维护、检测、诊断技术规范[S]. 国家质量技术监督局,2001.

[2] 王盛良. 汽车使用、维护与保养技术[M]. 北京:机械工业出版社,2013.

[3] 周晓飞. 汽车维修技能全程图解[M]. 北京:化学工业出版社,2013.

[4] 樊永强,刘祥. 汽车修理工(中级)[M]. 北京:中国劳动社会保障出版社,2015.

[5] 上海市职业培训发展研究中心. 汽车维修工(三级)[M]. 北京:中国劳动社会保障出版社,2010.

[6] 马伟森,桂长江. 汽车维护[M]. 北京:人民交通出版社,2011.

[7] 张葵葵. 汽车维护[M]. 北京:高等教育出版社,2010.

[8] 夏长明. 汽车维护[M]. 北京:机械工业出版社,2011.